# gente

# Libro de trabajo y resumen gramatical 1

**Autores:**
Ernesto Martín Peris
Pablo Martínez Gila
Neus Sans Baulenas

**Coordinación editorial y redacción:**
Agustín Garmendia Iglesias
**Corrección:**
Olga Juan Lázaro y Eduard Sancho Rutllant

**Diseño y dirección de arte:**
Ángel Viola
**Maquetación:**
Mariví Arróspide

**Ilustración:**
Pere Virgili y Ángel Viola

**Fotografías:**
Miguel Raurich, Jordi Bardajil, Antonio García Márquez, Isabel Codina,
Carmen Escudero, Europa Press, Firofoto, Zardoya, Foto Format, Iberdiapo, Agencia EFE, A.G.E. Fotostock.
**Infografía:**
Pere Arriaga

**Material auditivo (casete y transcripciones)**
Voces: Maribel Álvarez, España / José Antonio Benítez, España / Ana Cadiñanos, España /
Isabel Iglesias, España / Fabián Fattore, Argentina / Laura Fernández, Cuba / Paula Lehner, Argentina /
Oswaldo López, España / Gema Miralles, España / Pilar Morales, España / José Navarro, España / Kepa Paul Parra, España /
Lola Oria, España / Félix Ronda, Cuba / Rosa María Rosales, México / Amalia Sancho, España /
Clara Segura, España / Carlos Vicente, España / Armand Villén, España.
**Música:** Juanjo Gutiérrez
**Grabación:** Estudios 103, Barcelona

1ª Edición - 1997
2ª Edición - 1998

ISBN: 84-89344-24-8
Depósito Legal: B-47119-97

Impreso en España por Torres i Associats, Barcelona

**DIFUSION**
**Centro de Investigación y Publicaciones de Idiomas, S.L.**
C/Bruc, 21 1º 2ª - 08010 BARCELONA. Tel. (93) 412 22 29 - Fax (93) 412 66 60
e-mail: editdif@lix.intercom.es

# gente

Curso comunicativo basado en el enfoque por tareas

Ernesto Martín Peris
Pablo Martínez Gila
Neus Sans Baulenas

Libro de trabajo y resumen gramatical

# Más que un método

El **Libro de trabajo y resumen gramatical** va acompañado de:

✔ **CARPETA DE AUDICIONES DEL LIBRO DE TRABAJO**, que contiene un casete de 75 minutos de duración y un cuaderno con las transcripciones de las grabaciones sobre las que se trabaja en el libro.
**ISBN**: 84-89344-44-2

✔ **GUÍA DE SOLUCIONES DEL LIBRO DE TRABAJO**, cuadernillo que el alumno puede consultar para autoevaluarse tras realizar los ejercicios o buscar ayuda cuando los hace.
**ISBN**: 84-89344-47-7

En torno al núcleo central de GENTE 1 (**Libro del alumno** y **Libro de trabajo y resumen gramatical**) se han diseñado una serie de materiales complementarios, en diferentes soportes, de gran utilidad tanto para la programación del trabajo del aula como para el trabajo individual del alumno:

## GENTE QUE LEE
**N**ovela-cómic, cuya intriga discurre paralela a los temas, las formas gramaticales, las funciones y el vocabulario de GENTE 1. Tras cada secuencia de lecciones, los alumnos estarán en disposición de comprender completamente un capítulo.
**ISBN**: 84-89344- 34-5

## GENTE QUE CANTA
**CD** con 11 canciones, cuyas letras se han escrito basándose en los temas, las estructuras gramaticales y el vocabulario de las lecciones de GENTE. Una pequeña guía adjunta ofrece a los profesores propuestas de explotación.
**ISBN**: 84-89344-55-8

## GENTE DE LA TELE
**V**ídeo que contiene fragmentos de espacios televisivos, de muy diverso género (concursos, reportajes, anuncios, series, etc.), seleccionados por su afinidad con los temas de las lecciones de GENTE 1.
**ISBN**: 84-89344-32-7
Va acompañado de una **GUÍA** con propuestas para su uso en clase.
**ISBN**: 84-89344-33-7

# Libro de Trabajo y Resumen Gramatical

Este *Libro de trabajo y resumen gramatical* se distribuye en once unidades, correspondientes a las once secuencias que presenta el *Libro del alumno.*

Tiene como finalidad primordial consolidar los conocimientos y las destrezas lingüísticas que se han desarrollado con las actividades del *Libro del alumno*, del cual es complemento imprescindible. Para ello proporciona ejercicios, en su mayor parte de ejecución individual, centrados en aspectos particulares del sistema lingüístico (fonética, morfosintaxis, vocabulario, ortografía, estructuras funcionales, discursivas y textuales, etc.) que se trabajan en las actividades de las tareas del *Libro del alumno*, y en las que se profundiza. Contiene, además, una gramática de consulta que da las claves para entender las dificultades gramaticales que presenta cada secuencia de GENTE 1.

Se ha estructurado pensando eminentemente en el trabajo personal y el desarrollo de la autonomía en el aprendizaje. Por tal motivo, cada unidad está dividida en tres grandes apartados.

**I** Un conjunto de **EJERCICIOS** necesarios para la consolidación de aspectos formales.

Los ejercicios se describen en un índice que refiere el contenido temático y las actividades lingüísticas con las que se realiza (escribir, leer, hablar o escuchar). De esta forma, profesores y alumnos pueden seleccionar o secuenciar el material según sus necesidades e intereses.

Algunos ejercicios requieren la participación de otros colegas y, por tanto, se tienen que realizar en el aula. Tales ejercicios se señalan con el símbolo ↪ .

El resto de ejercicios pueden realizarse de forma individual, fuera del aula, o bien pueden aprovecharse en la clase, al filo del desarrollo de las actividades del *Libro del alumno.*

**II** Un apartado dedicado específicamente al desarrollo de la autonomía y de las estrategias de aprendizaje: la **AGENDA.** Este apartado, en doble página, contiene a su vez tres secciones fijas.

En la primera, **Así puedes aprender mejor**, los alumnos realizan actividades de aprendizaje en las que experimentan la aplicación de determinadas estrategias. Al final de estas actividades encuentran una reflexión sobre lo que han hecho, a modo de "truco de la lección".

La segunda sección es fija y contiene dos cuadros de **Autoevaluación**, que permiten al alumno y, dado el caso, al profesor, tomar el pulso al desarrollo de la lección y del curso.

Finalmente, la tercera sección es una propuesta de **Diario personal** del aprendizaje, que hace posible una evaluación menos guiada del desarrollo del aprendizaje, así como una mayor implicación del alumno en la dirección del mismo.

La forma que adopta este diario personal es la de un texto con huecos o con opciones múltiples; el propósito es suministrar al alumno principiante un andamiaje textual mediante el que pueda expresarse por escrito pero del que podrá alejarse a medida que se progresa en las lecciones, ya que la estructura se hace más abierta y flexible.

**III** Un **CONSULTORIO LINGÜÍSTICO**, que amplía y desarrolla los puntos tratados en las actividades del *Libro del alumno.* Las descripciones gramaticales, nociofuncionales y discursivas se ofrecen esencialmente a modo de material de consulta para resolver las dudas que planteen los ejercicios, -de ahí el nombre de la sección-, pero también para sistematizar los conocimientos que el alumno va adquiriendo.

gente que
estudia español

## Aquí encontrarás:

**1** Intenta descubrir este código secreto. Cada letra representa un número, del 1 al 9.

Q + Q + Q = 3

9 + 2 + 6 = 17

2 + 4 + 9 = 13

4 + 4 + 7 = 15

5 + 4 + 3 = 9

9 + 9 + 7 = 25

3 + 7 + 5 = 15

La   cu   es el   uno.

La   igneca   es el   nueve

La   zerka   es el   tres

La   jota   es el   cinco

La   égné   es el   siete

**2** Vas a oír a alguien que lee una lista de nombres. Marca la casilla correspondiente.

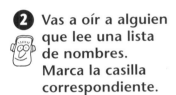

| | Nombre | 1er Apellido | 2º Apellido | No está en la lista |
|---|---|---|---|---|
| Cobos | | ✓ | | |
| Castaño | | | | |
| Miguel | | | | |
| María José | | | | |
| José María | | | | |
| Flores | | | | |
| Aguirre | | | | |
| Vázquez | | | | |
| Isabel | | | | |
| Domínguez | | | | |
| Pujante | | | | |

**3** Marca ahora con una X los números que escuches.

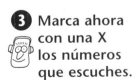

SLOTERÍA SERIE Nº 7 0 9 4 3   2

SLOTERÍA SERIE Nº 2 6 5 0 0   2

SLOTERÍA SERIE Nº 4 7 6 5 8   2

SLOTERÍA SERIE Nº 0 0 5 6 1   2

SLOTERÍA SERIE Nº 9 0 5 2 1   2

SLOTERÍA SERIE Nº 0 9 5 4 2   3

SLOTERÍA SERIE Nº 5 3 6 8 2   3

SLOTERÍA SERIE Nº 7 8 0 2 3   3

SLOTERÍA SERIE Nº 5 6 0 9 1   3

SLOTERÍA SERIE Nº 3 8 2 9 4   4

SLOTERÍA SERIE Nº 5 6 0 9 1   4

SLOTERÍA SERIE Nº 0 8 2 1 0   4

SLOTERÍA SERIE Nº 4 7 3 5 2   4

**4** ¿Qué apellido están deletreando? Escucha y marca la respuesta con el número correspondiente.

| 1 | González ○ | Hierro ○ |

Fierro ○

Campoy ○

Fernández ○

Gonzalo ○

Uriarte ○

Campos ○

Uranga ○

Rodríguez ○

Rodrigo ○

Hernández ○

**5** Mira la lista de temas en la página 12 del *Libro del alumno*. Agrupa esos temas en estas tres hojas según tus propios intereses. ¿Hay otros temas que te interesan especialmente? Puedes usar el diccionario.

**6** Vas a escuchar estas palabras deletreadas. Escribe el orden en que las oyes.

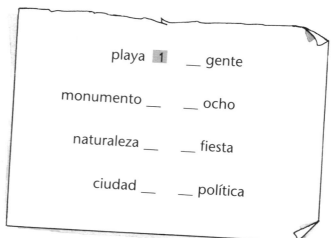

playa  1   __ gente

monumento __    __ ocho

naturaleza __    __ fiesta

ciudad __    __ política

**7** Relaciona.

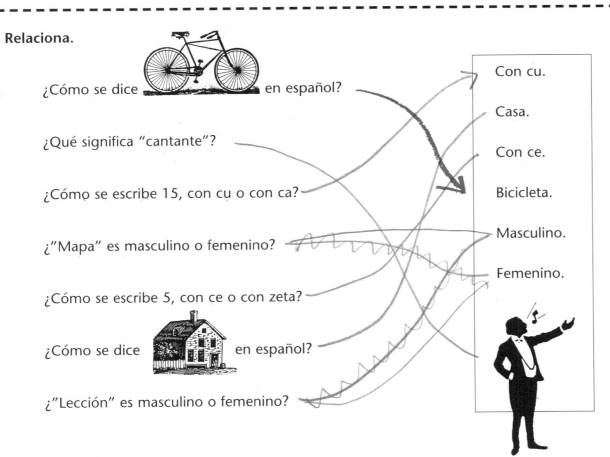

¿Cómo se dice [bicicleta] en español?

¿Qué significa "cantante"?

¿Cómo se escribe 15, con cu o con ca?

¿"Mapa" es masculino o femenino?

¿Cómo se escribe 5, con ce o con zeta?

¿Cómo se dice [casa] en español?

¿"Lección" es masculino o femenino?

Con cu.

Casa.

Con ce.

Bicicleta.

Masculino.

Femenino.

**8** Seguro que conoces algunas palabras en español: **fiesta, adiós, mañana, señorita, amigo, paella...** Escribe frases como la siguiente sobre su significado.

> Adiós significa "good bye"/ "au revoir"/...

Probablemente, quieres saber cómo se dicen algunas otras cosas en español. Escribe las preguntas.

> ¿Cómo se dice en español "to fall in love"/ "sich verlieben"/... ?

la hs-

# gente que estudia español

**9** Ahora puedes preparar para tus compañeros otras preguntas como las del ejercicio 7, sobre palabras que ya conoces o que quieres conocer. Puedes consultar el diccionario.

> ¿Cómo se escribe "hola"?
> ¿Qué significa "enamorarse"?

**10** Escucha las frases de estas dos listas. Si la frase es una pregunta, escribe los dos signos de interrogación, como en la primera. Si es una afirmativa, escribe punto final.

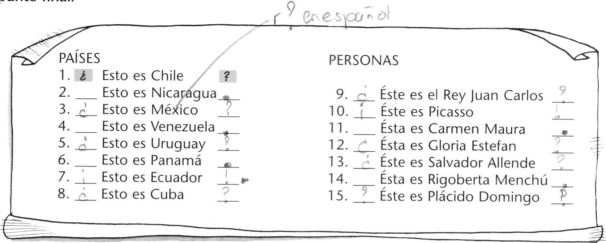

PAÍSES

1. ¿  Esto es Chile  ?
2. ___ Esto es Nicaragua .
3. ¿ Esto es México  ?
4. ___ Esto es Venezuela .
5. ¿ Esto es Uruguay  ?
6. ___ Esto es Panamá .
7. ¡ Esto es Ecuador  !
8. ¿ Esto es Cuba  ?

PERSONAS

9. ¿ Éste es el Rey Juan Carlos  ?
10. ¡ Éste es Picasso  !
11. ___ Ésta es Carmen Maura .
12. ¿ Ésta es Gloria Estefan  ?
13. ¿ Éste es Salvador Allende  ?
14. ___ Ésta es Rigoberta Menchú .
15. ¿ Éste es Plácido Domingo  ?

**11** Vas a escuchar a una chica que enseña las fotos de un viaje a un amigo. ¿A qué foto se refiere en cada caso? Fíjate en: **éste, ésta, éstos, éstas** y **esto.**

**12** Escribe ahora, debajo de cada imagen del ejercicio anterior, un nombre de persona, de ciudad o de pueblo. Luego, escribe frases para presentarlos.

> Mira, éste es Michael.     Mira, esto es Sevilla.

**13** En esta lección has visto nombres de países del mundo hispano. Has visto también nombres y apellidos españoles. Ahora vas a leer y escuchar algunos. Completa las letras que les faltan.

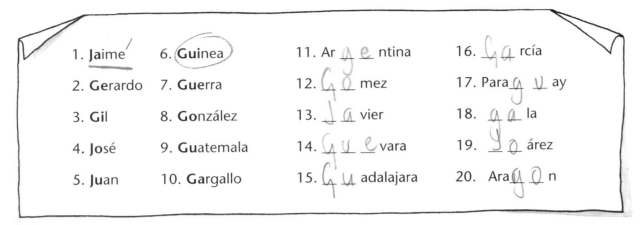

1. Jaime
2. Gerardo
3. Gil
4. José
5. Juan
6. Guinea
7. Guerra
8. González
9. Guatemala
10. Gargallo
11. Ar__g____e__ntina
12. __G____o__ mez
13. J__a__ vier
14. __Gu____e__vara
15. __Gu__ adalajara
16. __Ga__ rcía
17. Para__g____u__ ay
18. __g____a__ la
19. __j____o__ árez
20. Ara__g____o__ n

Subraya ahora los nombres que tienen el sonido /x/ (como **Gente**) y encierra en un círculo los que tienen el sonido /g/ (como **González**).

**14** Vas a escuchar a cinco personas que piden un número de teléfono al servicio de información. Apúntalos a continuación del nombre.

1. Pedro Pérez Martín __3165742__

2. Marcos Martínez Paz __3273048__

3. Mario Mas Pérez __209423__

4. Milagros Martín Martín __6410964__

5. Paula Mínguez Peralta __6607922__

**15** ¿Qué tal tus matemáticas?

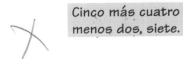

Cinco más cuatro menos dos, siete.

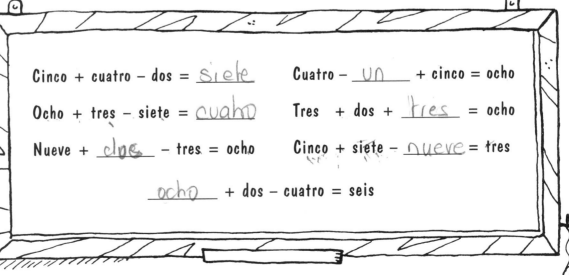

Cinco + cuatro − dos = __siete__

Ocho + tres − siete = __cuatro__

Nueve + __dos__ − tres = ocho

Cuatro − __un__ + cinco = ocho

Tres + dos + __tres__ = ocho

Cinco + siete − __nueve__ = tres

__ocho__ + dos − cuatro = seis

**16** Escribe tú dos operaciones más. Léelas en clase a tus compañeros. A ver quién es el más rápido en encontrar la respuesta.

**17** En este diálogo faltan las respuestas.

● ¿Cómo te llamas?

○ _me llamo Salvador Villa_

☐ Salvador.    ☒ Salvador Villa.

● ¿Salvador es tu nombre o tu apellido?

○ _Es mi nombre_

☒ El nombre.    ☐ Es el apellido.

● ¿Y cómo se escribe, con be o con uve?

○ _Se escribe con uve_

☒ Con uve.    ☐ Se escribe con be.

● ¿Y Villa?

○ _También con uve_

☐ También con uve.    ☐ También con be.

● ¿Cuál es tu número de teléfono?

○ _____

☐ El 8 29 35 46.    ☐ Mi número de teléfono es el 8 29 35 46.

● Muy bien. Gracias.

**18** Escribe dos diálogos similares al anterior. El primero, con una persona que se llama Juana Arguedas. Para el segundo, inventa tú un nombre que suene español.

**19** En los nombres de estos países faltan las vocales (**a, e, i, o, u**). ¿Puedes completarlos?

1. G U A T E M A L A

2. N _ C _ R _ G _ _

3. P _ R _ G _ _ Y

4. _ R _ G _ _ Y

5. M _ X _ C _

6. P _ R _

7. P _ _ RT _   R _ C _

8. _ L   S _ LV _ D _ R

9. _ C _ _ D _ R

Escucha la audición para comprobar que lo has entendido bien. Después, repite los nombres, fijándote especialmente en la pronunciación de las vocales.

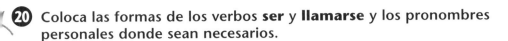

**20** Coloca las formas de los verbos **ser** y **llamarse** y los pronombres
personales donde sean necesarios.

1. ● Yo soy brasileño, ¿y vosotros?
   ○ Yo soy argentino, y ella, italiana.

2. ● ¿Los señores Durán?
   ○ Sí, somos nosotros.
   ● ¿Sus nombres, por favor?
   ○ Yo me llamo Eva, y el, Pedro.

3. ● ¿Pablo Castellón?
   ○ Soy yo.

4. ● Perdón, ¿Juan María Fuster?
   ○ es él.
   ■ Sí, soy yo.

5. ● ¿Es usted Julia Serrano Fortes?
   ○ No. yo soy Hortensia Serrano. Julia
   es ella.

6. ● ¿Y cómo te llamas?
   ○ Alberto. ¿Y tú?
   ● Yo, Elisa.

7. ● Ustedes son los señores Ribas, ¿verdad?
   ○ Sí, y usted Esmeralda Antón, ¿no?

# Así puedes aprender mejor

**❶** Estos nombres aparecen en el *Libro del alumno.*

F [la] playa las playas | F [la] comida las comidas | los negocios | M [el] negocio

M [el] país los países | F [la] tradición las tradiciones | M [el] mundo los mundos

M [el] monumento los monumentos | F [la] política las políticas | F [la] cultura las culturas

F [la] ciudad las ciudades | M [el] paisaje los paisajes | F [la] fiesta las fiestas

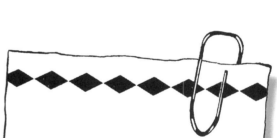

Escribe delante de cada uno:
- una M si crees que es una palabra masculina,
- una F si crees que es femenina.
Escribe, luego, el artículo delante. Finalmente, escribe los nombres y los artículos en plural.

**❷** Ahora observa estas palabras. Son nuevas, no las conoces, pero no importa. Intenta decir, por su forma, si son masculinas o femeninas. Escribe delante el artículo correspondiente.

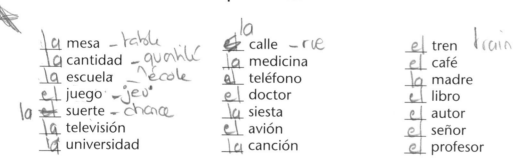

[la] mesa – table
[la] cantidad – quantité
[la] escuela – école
[el] juego – jeu
la [el] suerte – chance
[la] televisión
[la] universidad

la [el] calle – rue
[la] medicina
[el] teléfono
[el] doctor
[la] siesta
[el] avión
[la] canción

[el] tren train
[el] café
[la] madre
[el] libro
[el] autor
[el] señor
[el] profesor

Consulta un diccionario para comprobar si lo has hecho bien. Ahora, piensa si puedes establecer una regla aproximada.

> En los ejercicios anteriores, tú has observado fenómenos de la lengua y has encontrado una regla.
> Si practicas este tipo de estrategias, aprenderás mejor y más deprisa.
> Aprendemos mejor lo que descubrimos por nosotros mismos.

| Los nombres terminados en | son generalmente: M (masculinos) | F (femeninos) | pueden ser M o F |
|---|---|---|---|
| - o | M | | |
| - a | | | X |
| - ción, -sión | | X | |
| - dad | | X | |
| - e | | | X |
| - or | X | | |

# Autoevaluación

**En general:**

| | ☀ | 🌤 | ⛅ | ☁ |
|---|---|---|---|---|
| Mi participación en clase... | | | | X |
| Mis progresos en español... | | | X | |
| Mis dificultades... | | | X | |

**Y en particular:**

| | 😀 | 🙂 | 😐 | 🙁 | 😟 |
|---|---|---|---|---|---|
| 🔧 Gramática | | | | X | |
| 📖 Vocabulario | | | | | |
| 🐦 Fonética y pronunciación | | | X | | |
| 👓 Lectura | | X | | | |
| 👂 Audición | | | X | | |
| ✏ Escritura | | X | | | |
| 🏛 Cultura | | | | | X |

## Diario personal

Después de estas cuatro lecciones puedo hablar del español en el mundo y de mis intereses en el español; sé cómo suenan los nombres y los apellidos en español. También puedo _____, _____, y _____.

Para mí, lo más interesante de GENTE QUE ESTUDIA ESPAÑOL son las actividades _____ y _____; lo menos intersante son las actividades _____, _____, _____ y _____.

Necesito hacer más ejercicios de (números / gramática / deletrear / ...) _____.

## EL ALFABETO

| | | | | |
|---|---|---|---|---|
| A a | F efe | L ele | P pe | V uve |
| B be | G ge | Ll elle | Q cu | W uve doble |
| C ce | H hache | M eme | R ere/erre | X equis |
| Ch che/ce hache | I i | N ene | S ese | Y i griega |
| D de | J jota | Ñ eñe | T te | Z zeta |
| E e | K ka | O o | U u | |

•••○ Los nombres de las letras son femeninos:

   la ele, la zeta, la hache...

•••○ Decimos:

   Se escribe **con hache**.     ~~Se escribe con una hache.~~

   Ana se escribe **con una ene**, y Hanna, **con dos**.

## SONIDOS Y GRAFÍAS

•••○ Sonido /x/ (como en **Ge**nte): **ja, je, ji, jo, ju, ge, gi.**
Sonido /g/ (como en **Go**nzález): **ga, go, gu** (**Ga**rcía, Para**gu**ay, **Gu**tiérrez), **gue, gui** (**Gue**rra, **Gui**nea).

•••○ Sonido /θ/ (como en **Za**ragoza): **za, ze, zi, zo, zu, ce, ci.**
Sonido /k/ (como en **Cá**diz): **cá, co, cu, que, qui, ka, ke, ki, ko, ku.**

•••○ Sonido /b/ (como en **B**arcelona): **ba, be, bi, bo, bu, va, ve, vi, vo, vu.**

•••○ Letra W: en algunas palabras se lee como en inglés (**w**hisky, **w**eb).
En otras, como B (**w**áter, **w**olframio, **w**atio).

•••○ Letra H: no se pronuncia (**h**ablar, **h**acer).

## IDENTIFICACIÓN PERSONAL

¿Cómo te llamas?
¿Cómo se llama usted?

**Me llamo** Gerardo, y soy español, de Santander.

## LOS VERBOS **SER** Y **LLAMARSE**: PRESENTE

| | SER | LLAMARSE |
|---|---|---|
| (yo) | soy | me llamo |
| (tú) | eres | te llamas |
| (él, ella, usted) | es | se llama |
| (nosotros/as) | somos | nos llamamos |
| (vosotros/as) | sois | os llamáis |
| (ellos, ellas, ustedes) | son | se llaman |

¿Quién es?

Soy yo, Alberto.

## LOS PRONOMBRES PERSONALES: YO, TÚ, USTED...

| LAS PERSONAS QUE HABLAN | Yo - Nosotros, nosotras |
|---|---|
| LAS PERSONAS A LAS QUE SE HABLA | Tú - Vosotros, vosotras<br>Usted - Ustedes |
| LAS PERSONAS DE LA QUE SE HABLA | Él, ella - Ellos, ellas |

•••○ En Latinoamérica, la forma **vosotros/as** se sustituye normalmente por la forma **ustedes**.

•••○ Para hablar de cosas, en español no se usa pronombre sujeto. En su lugar puede decirse el nombre de la cosa o bien utilizar la forma **esto**.

> Toma, **esto** es un mapa de Perú.

## VERBOS Y PRONOMBRES PERSONALES SUJETO

Los pronombres personales sujeto no son siempre necesarios. Se ponen, entre otros casos, cuando la persona que habla...

•••○ espera que las demás también hablen (el pronombre sólo se pone delante del primer verbo):

- **Yo soy** colombiano y me llamo Ramiro.
- ○ **Yo**, peruana.
- ■ Y **yo**, también, peruana.

•••○ se refiere a más de una persona:

- **Ella es** española, y **yo** cubano.
- ○ **Yo me llamo** Javier, y **él**, Alberto.

•••○ responde a preguntas sobre un nombre. Fíjate en la posición del pronombre:

- ¿La señora Gutiérrez?
- ○ **Soy yo**.

- ¿**Es usted** Gracia Enríquez?
- ○ **No, yo soy** Ester Enríquez. Gracia **es ella**.

## PREGUNTAS ÚTILES PARA LA CLASE

¿Cómo se escribe XXX?
¿XXX se escribe con hache / con be / con uve / ...?
¿Cómo se dice XXX en español?
¿Qué significa XXX?
¿Cómo se pronuncia XXX?

## LOS NOMBRES

Con la palabra **nombre** nos referimos a dos realidades:

- el nombre de las personas: Elena, Andrés, Felipe...
- una clase gramatical de palabras: nombre, verbo, pronombre...

•••○ Los nombres gramaticales en español tienen todos género: masculino o femenino. La marca del género es el artículo.

| | |
|---|---|
| *MASCULINOS* | **el** arte, **el** país, **el** teléfono... |
| *FEMENINOS* | **la** mesa, **la** política, **la** sociedad... |

•••○ Generalmente (pero no siempre), el género coincide con la terminación:

| *MASCULINOS* | *FEMENINOS* |
|---|---|
| -o | -a |
| -aje | -ción, sión |
| -or | -dad |

•••○ Todos los nombres se <u>pueden poner</u> en singular o en plural.

| *TERMINADOS EN VOCAL* | -s |
|---|---|
| libro | libro**s** |
| casa | casa**s** |

| *TERMINADOS EN CONSONANTE* | -es |
|---|---|
| país | país**es** |
| ciudad | ciudad**es** |

•••○ El género y el número del nombre repercuten en el de otras palabras: adjetivos, artículos, demostrativos...

Est**os** libros **son** muy interesantes, ¿no?

## LOS DEMOSTRATIVOS: **ESTO, ESTE, ESTA, ESTOS, ESTAS**

•••○ Con un nombre gramatical:

| *JUNTO AL NOMBRE* | *SEPARADO DEL NOMBRE* |
|---|---|
| **este** país, **esta** ciudad, | **Éste** es mi teléfono. |
| **estos** países, **estas** ciudades | **Ésta** es mi ciudad. |

Éste es mi teléfono.

•••○ Con un nombre de persona:

| | |
|---|---|
| **Éste** es Julio. | **Ésta** es Ana. |
| **Éstos** son Julio y Carlos. | **Éstas** son Ana y Laura. |
| **Éstos** son Ana y Julio. | |

•••○ Con un nombre de país o ciudad:

**Esto** es Sevilla.

gente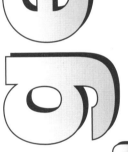con gente

# Aquí encontrarás:

**1** Mira las páginas 20 y 21 del *Libro del alumno*. Elige a dos de las personas que aparecen allí y escribe tus intuiciones sobre su profesión, edad y nacionalidad.

Creo que _Julio_ es _estudiante_ y que _vive en España_ .
También creo que _habla inglés_ .

Creo que _la casa_ es _muy grande_ y que _la cocina es cieta_ .
También creo que _Julia non es nada perezoso_ .

Observa: aquí no se escribe el pronombre yo porque es un texto para ti solo, nadie más va a hablar. ¿Recuerdas la gramática de la secuencia *GENTE QUE ESTUDIA ESPAÑOL?*

**2** Consulta los textos de las páginas 22 y 23 del *Libro del alumno*. Escribe en cada uno de los tres cuadros el nombre de la persona descrita.

Estudia en la Universidad.
No es divorciada.
Hace deporte.
No toca el piano.

No es soltera.
Trabaja en casa.
No es nada pedante.
Es mayor.
No baila flamenco.

No está casado.
Toca un instrumento musical que no es la batería.
No es español.
No es nada antipático.

**3** En estas otras descripciones faltan algunas palabras. Complétalas con las que tienes a continuación. Puedes mirar después en la página 23 del *Libro del alumno* para comprobar si lo has hecho bien.

trabajadora      argentino      española      cariñoso      tenis

colecciona      periodista      fotógrafo      estudia

**BEATRIZ SALAS GALLARDO**
Es ~~trabajadora~~ periodista.
Es española.
Juega al tenis y estudia inglés.
Es muy trabajadora.

**JORGE ROSENBERG**
Es argentino.
Es fotógrafo.
colecciona sellos.
Es muy cariñoso.

**4** Mira las páginas 22 y 23 del *Libro del alumno*. Elige dos casas al azar y...

- Lee los textos correspondientes a las dos casas.
- Mira las imágenes de estas dos casas: sin consultar los textos, intenta recordar mentalmente todos los datos que sabes de sus habitantes.
- Cierra los ojos: ¿cuáles de sus aficiones puedes nombrar? Escríbelas.

**Puedes repetir el mismo juego con otras dos casas. En lugar de las aficiones, ahora puedes escribir las profesiones.**

**5** En las mismas páginas, 22 y 23 del *Libro del alumno*, busca qué actividades se usan con cada uno de estos verbos.

| Toca | Juega a | Hace | Estudia |
|---|---|---|---|
| la guitara | al golf | punto | la historia |
| | al futbol | da | la geografica |
| | al voleibal | cocina | inglos |
| | | baile | |
| ... | ... | ... | ... |

¿Puedes añadir más palabras a tus listas? Seguro que quieres conocer el nombre de tus "hobbies" en español. Usa el diccionario.

**6** Piensa en dos personas de tu entorno: familiares, amigos, compañeros de trabajo o vecinos. Completa dos fichas, como la primera, con las informaciones correspondientes.

**NOMBRE:** María
**APELLIDOS:** Jover Pino
**ESTADO CIVIL:** soltera
**EDAD:** 31
**PROFESIÓN:** trabaja en una empresa de informática
**AFICIONES:** fotografía, teatro
**CARÁCTER:** muy inteligente y muy activa
**RELACIÓN CONTIGO:** vecina

**NOMBRE:** JUSTINE
**APELLIDOS:** HUMPHREY
**ESTADO CIVIL:** vive con su amigo
**EDAD:** Trenta tres.
**PROFESIÓN:** Doctor
**AFICIONES:**
**CARÁCTER:** muy drôle muy Kidela
**RELACIÓN CONTIGO:** me muy brenamiga

**NOMBRE:** Matthew
**APELLIDOS:** MARTIN
**ESTADO CIVIL:** soltero
**EDAD:** diecitres
**PROFESIÓN:** estudiante.
**AFICIONES:** piscina, violin, computer games.
**CARÁCTER:** muy inteligente, muy funny, muy laid-back un poco perasozo.
**RELACIÓN CONTIGO:** me hermano

↪ **Ahora pregúntale a un compañero sobre sus dos fichas y toma notas para:**

- explicar al resto de la clase quiénes son esas personas
- escribir una pequeña descripción.

- ● ¿Cómo se llama?
- ○ María.
- ● ¿Es una amiga?
- ○ No, es una vecina.
- ● ¿Y cuántos años tiene?
- ○ 31.
- ● ¿Es casada?
- ○ No, soltera.
- ● ¿A qué se dedica?
- ○ Trabaja en una empresa de informática.
- ● ¿Y cómo es?
- ○ Es muy inteligente y muy activa.

**7** ¿De dónde son estos famosos? Si no lo sabes, imagina una posible nacionalidad. En clase vamos a ver quién tiene más respuestas correctas.

Jacques Brel ___ `belga`
Pierre y Marie Curie ___ *son francés*
Montserrat Caballé ___ *español*
Olof Palme ___ *sueco*
Johan Cruyff ___ *holandés*
Steffi Graf ___ *alemana*
Emily y Charlotte Brontë ___ *inglesas*
Thomas Muster ___ *austríaca*

Irini Papas ___ *griega*
Helmut Kohl ___ *Alemán*
Sofia Loren y Anna Magnani ___ *italianas*
Los Rolling Stones ___ *americano inglese*
Elton John ___ *inglés*
Harrison Ford ___ *americano*
Nelson Mandela ___ *africano del sul*
Akira Kurosawa ___ *japones*

↺ Escribe el nombre de otros dos personajes famosos. Tus compañeros tendrán que decirte su nacionalidad. Si no la sabéis, el profesor os ayudará.

**8** Un juego de memoria: ¿cuántas nacionalidades europeas puedes escribir correctamente sin consultar el libro? Escríbelas aquí en orden alfabético.

*francés / francesa / franceses.*
*sueco / sueca / →*
*holandés / holandesa / holandeses.*
*ingles / inglesa / inglesas / ingleses.*
*austriaco / austríaca*
*aleman / alema →*
*sud africano / as / os / as.*

Ahora escribe todas estas nacionalidades en la forma del femenino plural.

**9** ¿De quién pueden estar hablando? Fíjate bien en las terminaciones de los adjetivos y colócalos donde corresponda. Ojo: algunos pueden ir en varios sitios.

Juan es | Carolina es | Luis y Blanca son | Carolina y Carmen son | Pablo y Javi son

*no es poco inteligente* | `activa,` *muy alegres* | *alegres* | *alegres*
*muy sano* | | *muy simpaticos muy cariñosas* | *muy simpatica*
*es soltero.* | | *muy traviesos muy trabajadoras* | *muy traviesas*
*es bastante tímido* | *muy deportista.* | *sueca.* |
*muy deportista* | *no es poco inteligente* | |
| *no es nada simpatica* | |

**10** Coloca ahora en este cuadro los adjetivos del ejercicio anterior según su terminación. Completa el cuadro después con todas las formas de los adjetivos.

| -o _activo_ | -a _activa_ | -os _activos_ | -as _activas_ |
|---|---|---|---|
| _____ | _____ | _____ | _____ |
| -or | -ora | -ores | -oras |
| _____ | _____ | _____ | _____ |

| -e | -es |
|---|---|
| _____ | _____ |
| _____ | _____ |
| -ista | -istas |
| _____ | _____ |
| _____ | _____ |
| -Consonante (-l, -z,...) | -Consonante + es (-les, -ces,...) |
| _____ | _____ |
| _____ | _____ |

**11** Lee estos números en voz alta.

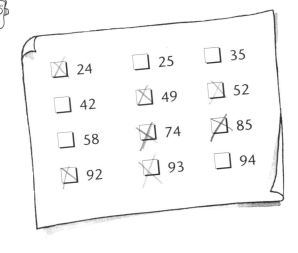

- ☒ 24
- ☐ 25
- ☐ 35
- ☐ 42
- ☒ 49
- ☒ 52
- ☐ 58
- ☒ 74
- ☒ 85
- ☒ 92
- ☒ 93
- ☐ 94

Escucha ahora unas conversaciones
y marca arriba los siete números que escuches.

**12** Marca ocho números en este boleto y escríbelos con letras para no olvidarlos. Ahora escucha la grabación. ¡Suerte!

Mis números son...

Cincuenta
cuarenta y nueve
veintitres
catorce
veintisiete
cuarenta y ocho
trenta y tres
diecinueve

¿Cuántos has acertado? Vuelve a escuchar la grabación y escribe los que no tienes.

**13** Combina las cifras de cada grupo para conseguir el resultado final que proponemos. Puedes usar **más** (+), **menos** (-), **por** (x) y **entre** (:). Escribe los números que necesites para poder explicar bien tus soluciones en clase.

$8 \times 10 : 2 = 40$

Ocho por diez entre dos igual a cuarenta.

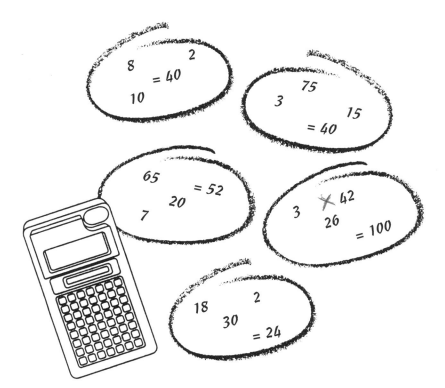

Piensa en otra serie similar para proponérsela a tus compañeros en clase. ¿Quién encuentra antes la combinación correcta?

_____ _____ _____ = _____

**14** Escribe las preguntas para estas respuestas.

| Tú | Usted | |
|---|---|---|
| • Como te llamas | • Como se llama Usted | ○ Javier Odriozola. |
| • Quantos años trenes | • Quantos años trene Usted | ○ 42. |
| • Donde ~~eres~~ esNdias | • Donde estudia Usted? | ○ En una escuela de idiomas. |
| • A que te dedicas | • A que se dedica Usted | ○ Soy profesor. |
| • De dande eres | • De donde es Usted. | ○ Andaluz, de Granada. |

Que edad tienes

suivante

---

**15** Lee las siguientes informaciones sobre una familia. ¿Puedes construir su árbol genealógico?

- Elisa tiene tres hijos, dos hijos y una hija. También tiene cinco nietos.

- El abuelo se llama Tomás.

- Mario tiene dos hijos, un hijo y una hija.

- La mujer de Carlos se llama Teresa.

- Candela es la mujer de Mario.

- Ana no tiene hijos.

- El hijo de Candela es Jaime.

- La hermana de Jaime es Gala.

- Las niñas de Teresa se llaman Inés, Berta y Susana.

- El cuñado de Carlos se llama Luis.

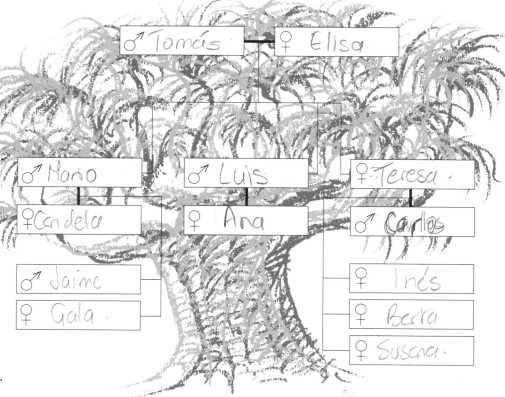

**16** Imagina que tienes que elegir a un compañero de trabajo. ¿Cómo valoras estas cualidades? Sitúalas en esta escala. Como en las diferentes culturas las cualidades de las personas no se valoran igual, puede ser divertido comparar tus resultados con los de otros compañeros.

*Yo creo que ser simpático es muy importante.*

| | | | | | | |
|---|---|---|---|---|---|---|
| simpático/a | | | | | | ✓ |
| serio/a | | | | | | |
| sociable | | | | | | |
| travieso/a | | | | | | |
| inteligente | | | | | | |
| trabajador/a | | | | | | |
| perezoso/a | | | | | | |
| amable | | | | | | |
| pedante | | | | | | |
| alegre | | | | | | |
| callado/a | | | | | | |
| tímido/a | | | | | | |
| independiente | | | | | | |
| pesimista | | | | | | |
| optimista | | | | | | |

**17** Pilar te da algunas pistas sobre su familia. Rellena con los datos que
están en negrita el cuadro que tienes a continuación.

Mi padre no se llama **Ramón** y no está **jubilado**.
Mi tía se llama **Mercedes**, pero no es **pintora**.
La **periodista** tiene **63** años.
Mi hermana es **estudiante**, pero no se llama **Luisa**.
El **jubilado** tiene **75** años.

**Rodrigo** es **profesor** en un Instituto y tiene **52** años.
**Mercedes** no tiene **27** años.
Mi madre tiene **dos años menos** que mi padre.
La **pintora** no se llama **Isabel**, pero tiene **50** años.
El marido de mi tía no es **Rodrigo**.

|  | ¿Cómo se llama? | ¿Cuántos años tiene? | ¿A qué se dedica? |
|---|---|---|---|
| Mi padre | Rodrigo | 52 | profesor |
| Mi madre | ~~Isabel~~ Luisa | 50 | pintora |
| Mi hermana | Isabel | 27 | estudiante |
| Mi tía | Mercedes | ~~27~~ 63 | periodista |
| Mi tío | Ramon | ~~52~~ 75 | jubilado |

**18** ¿Qué palabra no corresponde en cada serie? ¿Por qué? Puede haber
varios criterios.

Soltera, casada, (cariñosa,) viuda, separada.

Chilena, italiana, francesa, noruega, irlandesa.

Camarero, periodista, pintor, ama de casa, flamenco.

Madre, sueca, padre, hermano, abuelo.

Amigo, vecino, estudiante, colega.

Inteligente, amable, simpático, sociable, pedante.

**19** ¿Puedes ayudar a estas personas a presentarse? Elige tú las
informaciones que están más abajo y escríbelas, en primera persona, en
uno de los cuatro dibujos.

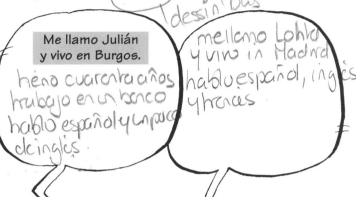

Me llamo Julián
y vivo en Burgos.

tengo cuarenta años
trabajo en un banco
hablo español y un poco
de inglés.

me llamo Lolita
y vivo in Madrid
hablo español, inglés
y frances

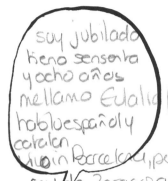

soy jubilado
tengo sesenta
y ocho años
me llamo Eulalia
hablo español y
catalan
vivo in Barcelona, pero
soy de Zaragoza.

soy novio
estudio arquitectura
me llamo Celia
me llamo Pepe
soy de Granada pero
estudio en Sevilla
tengo veintitres años

son novios ✓

habla español y catalán ✓

está jubilada ✓

estudian arquitectura ✓

tiene 40 años ✓

habla español y
un poco de inglés ✓

tiene 68 años ✓

habla español, inglés
y francés ✓

trabaja en un banco ✓

son de Granada pero
estudian en Sevilla ✓

tiene 23 años ✓

se llaman Pepe y Celia ✓

se llama Julián y vive
en Burgos ✓

se llama Eulalia ✓

vive en Barcelona, pero
es de Zaragoza

se llama Lolita y vive
en Madrid ✓

**20** Coloca en este cuadro las formas de los verbos que has usado en el ejercicio anterior y complétalo después con las que faltan.

|  | SER | ESTUDIAR | HABLAR | LLAMARSE |
|---|---|---|---|---|
| Yo | soy | estudio | HABLO | LLAMO |
| Tú | eres | estudas | HABLAS | LLAMAS |
| Él, ella, usted | es | estuda | HABLA | LLAMA |
| Nosotros/as | somos | estudiamos | HABLAMOS | LLAMAMOS |
| Vosotros/as | sois | estudiais | HABLAIS | LLAMAIS |
| Ellos, ellas, ustedes | son | estudian | HABLAN | LLAMAN |

¿Puedes ahora escribir cosas sobre tu familia y sobre ti?

Mi padre... es francés, vive in francia, vive soltero y es divorciado, trabaja mucho. Hace mucho trabajo en su casa, es mucho "manuelo".

Mi madre... es francés, es casada con su marido quienes inglés, sappelliamo Allen es mucho simpatico, hacon un [tier quienes mi hermano y que sappelliama Mathieu tiene dieciocho años. Es muy travieso] Me madre es profesore de francés.

Mi hermano/a... vive a Landra con me Made y ca Allen. Habla francés y inglés poletamate y estuda muy espcaol

Mis tíos... vive en Francia - hano cuatro tios. Son los hermanos de me padre.

Y yo... vivo en Paris, hablo inglés, soy estudiante de traducione y espagnol, bailo, canto, haco yoga y trabajo un poco en inglés y francés, estudio say segretaria en un officero d'abogados bcn. pslo noxe.

**21** Escucha las preguntas y decide cuál de las dos opciones es la respuesta adecuada. Señálala con una cruz (X).

a) ☒ No, yo soy periodista.
   ☒ Sí, trabaja en el banco.

b) ☒ Sí, inglés y francés.
   ☐ Sí, estudiamos idiomas.

c) ☐ Me llamo Laura, ¿y tú?
   ☒ Laura.

d) ☐ Estudio en la Universidad.
   ☒ Es biólogo.

e) ☒ Carla, de Segovia, y yo de Ávila.
   ☐ María de Ávila y Carla de Segovia.

f) ☒ Sí, Ana biología y yo física.
   ☐ No, es camarero en un bar.

**22** Escribe las preguntas correspondientes a estas respuestas.

1. *¿Veres biologa y Magdalena es periodista, usted?*
   ○ No, Magdalena es bióloga y yo soy periodista.

2. *¿Cuanto años tiene Carlos?*
   ○ ¿Carlos? 30 ó 32.

3. *¿Tus padres como se llaman?*
   ○ Mi padre Antonio y mi madre Carmen.

4. *¿Habla Chinese, usted?*
   ○ No, ¿y usted?

5. *¿Prefiero hablar inglés antes que hablar*
   ○ Bueno, yo hablo un poco de inglés y Marta habla inglés y alemán.

   *español*
   *y Ustedes?*
   *y nosotros?*

**23** Fíjate en la entonación y marca las frases que escuchas.

1. ☒ a) Se llama Raquel.
   ☐ b) ¿Se llama Raquel?

2. ☒ a) Es de Málaga.
   ☐ b) ¿Es de Málaga?

3. ☐ a) Tiene 18 años.
   ☒ b) ¿Tiene 18 años?

4. ☒ a) Trabaja en un banco.
   ☐ b) ¿Trabaja en un banco?

5. ☒ a) Vive en la Plaza Mayor.
   ☐ b) ¿Vive en la Plaza Mayor?

6. ☐ a) Son italianos.
   ☒ b) ¿Son italianos?

Escúchalas otra vez y repítelas con la entonación adecuada.

**24** Formula diez frases sobre las cosas que tienen estas seis personas en común.

Ignacio es aficionado al tenis y Elvira, también.
Juanjo e Ignacio hablan los mismos idiomas.

*Maribel y Juanjo tienen los mismos años de nacimiento. M+L+J tienen la misma nacionalidad. J quiere viajar y M también. M+L no habla italiano pero ambas estudian inglés y quieren música. Las chicas viben a Burgos pero el chico vibe a Valencia. L+J habla dos lenguas. M habla tres lenguas. Maribel no habla italiano*

**MARIBEL**

19 años

tenis, música, viajes

español, inglés, francés

BURGOS

**JUANJO**

19 años

motos y viajes

español e italiano

VALENCIA

**LAURA**

26 años

música, leer

español e inglés

BURGOS

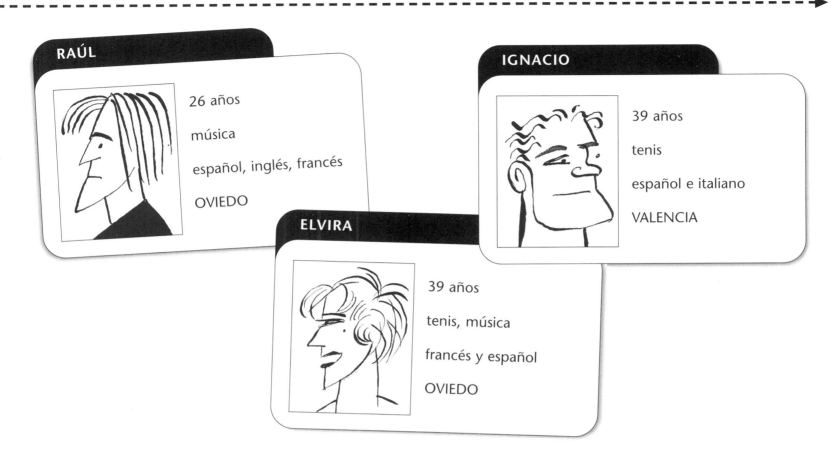

**RAÚL**

26 años

música

español, inglés, francés

OVIEDO

**IGNACIO**

39 años

tenis

español e italiano

VALENCIA

**ELVIRA**

39 años

tenis, música

francés y español

OVIEDO

**25** Formula ahora comparaciones de este tipo sin decir los nombres. Tus compañeros tienen que adivinarlos.

● Las dos son de Burgos.
○ ¡Maribel y Laura!

*Los dos tienen veintiseis años.
Las tres quieren música
Los dos hablan italiano.*

**26** En clase has escrito cómo crees que son los españoles. ¿Por qué no haces una lista de adjetivos para describir cómo es la gente de tu país? Después escribe un pequeño texto.

*la gente de mi país son un pucho de todos. niños son muy inteligente, ---*

Los holandeses somos muy...

**27** Y ahora, ¿puedes describirte a ti mismo? Rellena una ficha como ésta.

↩ Entrega tu descripción a tu profesor. Otro compañero va a leerla y los demás tendrán que descubrir de quién es.

**EDAD:**
Tengo _31_ años.

**ESTADO CIVIL:**
Soy ☒ soltero/a.
☐ casado/a.
☐ viudo/a.
☐ divorciado/a.

**CARÁCTER:**
Soy muy_ optimista _.
Soy bastante_ tímida _.
Soy un poco _perezosa_.
No soy nada_ pedante _.

**IDIOMAS:** LANGUES
Hablo INGLES ITALIANO Y FRANCE y un pucho ESPAÑOL.

**AFICIONES:** yoga canto baile, tomar una copa con mis amigos.

# Así puedes aprender mejor

Completa este gráfico con palabras que has aprendido en esta unidad.

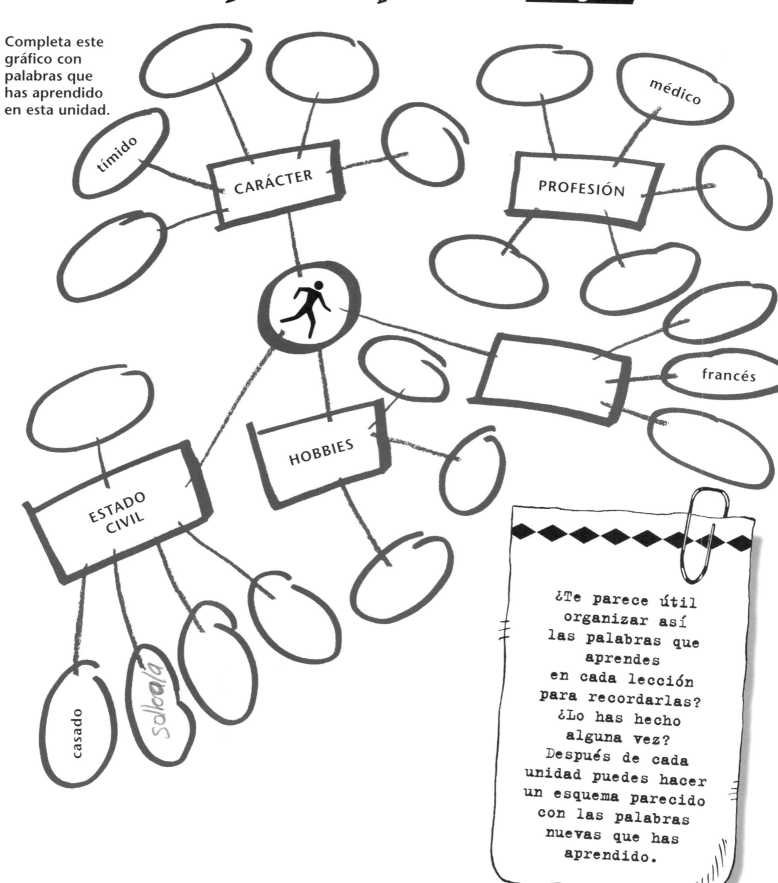

tímido

CARÁCTER

médico

PROFESIÓN

francés

HOBBIES

ESTADO CIVIL

casado

Salkalá

¿Te parece útil organizar así las palabras que aprendes en cada lección para recordarlas? ¿Lo has hecho alguna vez? Después de cada unidad puedes hacer un esquema parecido con las palabras nuevas que has aprendido.

# Autoevaluación

| En general: | ☀ | ⛅ | ☁ | ☁☁ |
|---|---|---|---|---|
| Mi participación en clase... | | | | X |
| Mis progresos en español... | | | X | |
| Mis dificultades... | | | X | |

| Y en particular: | 😐 | 😐 | 😐 | 😐 | 😐 |
|---|---|---|---|---|---|
| 🔧 Gramática | | | X | | |
| 🅰🅩 Vocabulario | | | X | | |
| 🐦 Fonética y pronunciación | | | X | | |
| 👓 Lectura | | X | | | |
| 👂 Audición | | | X | | |
| ✏ Escritura | | | | | |
| 🏢 Cultura | | | | X | |

## Diario personal

Las lecciones 5, 6, 7, y 8, *GENTE CON GENTE*, son (muy / bastante / un poco / no son) _____, y lo más difícil es _____ **lectura** _____. Para mí lo más fácil es **muy** _____ interesantes. Ahora puedo entender los números del 20 al 100 (muy bien / cil es _____ **verbos** _____. Y (puedo / me cuesta un poco / no puedo) bien / regular / con dificultad) _____ **regular** _____. decirlos. También puedo decir y entender la nacionalidad de los europe-os. Otras cosas que puede hacer son: _____ y _____. Para terminar, creo que necesito más práctica de _____ **hablar** _____.

## NÚMEROS

| | | | |
|---|---|---|---|
| 20 veinte | 30 treinta | | uno |
| 21 veintiuno | 40 cuarenta | | dos |
| 22 veintidós | 50 cincuenta | | tres |
| 23 veintitrés | 60 sesenta | y | cuatro |
| 24 veinticuatro | 70 setenta | | cinco |
| 25 veinticinco | 80 ochenta | | seis |
| 26 veintiséis | 90 noventa | | siete |
| 27 veintisiete | | | ocho |
| 28 veintiocho | | | nueve |
| 29 veintinueve | 100 cien | | |
| | 101 ciento uno | | |
| | 102 ciento dos | | |

~~ciento y dos~~    ~~cien dos~~

Tiene cien años.

No, ciento dos.

## ADJETIVOS

| -o<br>activo<br>serio | -a<br>activa<br>seria | -os<br>activos<br>serios | -as<br>activas<br>serias |
|---|---|---|---|
| -or<br>trabajador | -ora<br>trabajadora | -ores<br>trabajadores | -oras<br>trabajadoras |

| | |
|---|---|
| -e<br>alegre<br>inteligente | -es<br>alegres<br>inteligentes |
| -ista<br>optimista<br>deportista | -istas<br>optimistas<br>deportistas |
| -CONSONANTE (-l, -z...)<br>fácil<br>feliz | -CONSONANTE + es (-les, -ces...)<br>fáciles<br>felices |

La posición más común del adjetivo en español es detrás del nombre:

una mujer **inteligente**    un niño **grande**    un niño muy **bueno**

Pero hay expresiones muy frecuentes como:

un **buen** amigo    un **gran** amigo    una **buena** persona

## GRADACIÓN DE LAS CUALIDADES

Es **muy** simpático.                Es **bastante** trabajadora.
Son **un poco** tímidos.             No son **nada** sociables.

Ojo: **un poco** sólo se usa para cosas negativas:

un poco { tímida
         antipático        un poco ~~simpática~~
         difícil

*endroit*

## MISMO/A/OS/AS

Trabajan en el **mismo** sitio.      Viven en la **misma** calle.
Tienen los **mismos** gustos.        Tienen las **mismas** ideas.

## GENTE Y PERSONAS

La palabra **gente** es femenina y singular. La palabra **persona** es siempre femenina:

**La gente**, en general, es **buena**.      Julio es una buena persona.
                                             Julia es una buena persona.

> Julio es
> una buena
> persona.

## RELACIONES ENTRE LAS PERSONAS

● ¿Quién es?              ● ¿Quién es?              ● ¿Quién es?
○ **Mi** hermano mayor.   ○ Un amigo **mío**.       ○ Un compañero de clase.
  **Mi** cuñada Pepa.       Una amiga **mía**.         Una compañera de trabajo.

mi padre / mi madre ————————➤ mis **padres**
mi hermano / mi hermana ————➤ mis **hermanos**
mi hijo / mi hija ——————————➤ mis **hijos**

| *ADJETIVO* | **mi/mis** | **tu/tus** | **su/sus** |
|---|---|---|---|
| *POSEEDOR(ES)* | yo | tú | él/ella/usted, ellos/ellas/ustedes |

## LAS TRES CONJUGACIONES

En español hay tres grupos de verbos o conjugaciones:

| **-AR** | **-ER** | **-IR** |
|---|---|---|
| estudi**ar** | le**er** | escrib**ir** |
| habl**ar** | corr**er** | viv**ir** |
| est**ar** | ten**er** | dec**ir** |

Cada grupo se forma de modo diferente pero los verbos terminados en **-er** y en **-ir** tienen muchas formas comunes.

## PRESENTE DE INDICATIVO: VERBOS DE 1ª, 2ª Y 3ª CONJUGACIÓN. **TENER**

| | ESTUDIAR | LEER | ESCRIBIR | TENER |
|---|---|---|---|---|
| (yo) | estudio | leo | escribo | **tengo** |
| (tú) | estudias | lees | escribes | **tienes** |
| (él, ella, usted) | estudia | lee | escribe | **tiene** |
| (nosotros/as) | estudiamos | leemos | escribimos | **tenemos** |
| (vosotros/as) | estudiáis | leéis | escribís | **tenéis** |
| (ellos, ellas, ustedes) | estudian | leen | escriben | **tienen** |

## NACIONALIDAD Y PROCEDENCIA

● **¿De dónde eres?**
○ Chileno.        *NACIONALIDAD*

● **¿De dónde es usted?**
○ **De** Santiago de Chile.        *CIUDADES O PUEBLOS*

| MASCULINO | FEMENINO<br>AÑADEN UNA **a** |
|---|---|
| alemán, francés, portugués...<br>austriac**o**, suec**o**, norueg**o**, hondureñ**o**... | aleman**a**, frances**a**. portugues**a**...<br>austriac**a**, suec**a**, norueg**a**, hondureñ**a**... |

| UNA SOLA FORMA |
|---|
| *EN* -**í**     iran**í**, marroqu**í**,...<br>*EN* -**ense**     nicaragü**ense**, canadi**ense**, ...<br><br>belga |

## EDAD

● **¿Qué edad tiene usted?**
  **¿Qué edad tienes?**
○ Treinta.
  **Tengo** treinta años.      ~~Soy treinta.~~

una mujer **de** cuarenta años      un bebé **de** tres meses

Y si es una edad aproximada:

     **unos** cuarenta años

     un/a chico/a joven
     un/a niño/a
     un/a señor/a mayor

## PROFESIONES

- ¿A qué se dedica usted?
  ¿A qué te dedicas?

○ **Trabajo en** una empresa de informática.
  **Estudio en** la universidad.
  **Soy** arquitecto.
  **Estoy** parado.
  **Estoy** jubilado.

  Soy ~~un~~ profesor.    **pero:** Es **un** profesor muy bueno.

•••○ Algunos nombres tienen dos formas y otros una sola:

| MASCULINO | FEMENINO |
|-----------|----------|
| un    profesor | una    profesor**a** |
| vendedor | vendedor**a** |

| UNA SOLA FORMA |
|----------------|
| un/una period**ista**, art**ista**, pian**ista** |
| un/una cantant**e** |

•••○ Las formas femeninas de profesiones o cargos están cambiando. Se usan...

| MASCULINO | LAS FORMAS MASCULINAS CON LOS ARTÍCULOS FEMENINOS | FORMAS FEMENINAS NUEVAS |
|-----------|-----------|-----------|
| un juez | un**a** juez | un**a** jueza |
| un médico | un**a** médico | un**a** médica |
| un arquitecto | un**a** arquitecto | un**a** arquitecta |
| un abogado | un**a** abogado | un**a** abogada |
| un presidente | un**a** presidente | un**a** presidenta |

## ESTADO CIVIL

Soy
Estoy
{ soltero/a.
  casado/a.
  viudo/a.
  divorciado/a.

## EXPLICACIONES CON **PORQUE**

Tecla Riaño no trabaja **porque** tiene 72 años.
Uwe habla muy bien español **porque** vive en España.

# gente de vacaciones

## Aquí encontrarás:

**1** Lee estos dos anuncios de viajes.

## OFERTAS DE VIAJES
# MARISOL

**GRANDES CAPITALES DE EUROPA:**

### Londres, París y Roma
# 15 días

Ida y vuelta en avión desde Madrid o Barcelona
Desplazamientos en autobús y tren
Hoteles de ∗∗∗ y ∗∗∗∗
Guías especializados

# ¡VEN A LA MONTAÑA!

*Una semana en contacto con la naturaleza*
*Albergues de montaña y campings*
*Excursiones en bicicleta*
*Precios especiales para familias*

## ¿Qué viaje puede interesar a cada una de estas personas?

Nosotros queremos ir de vacaciones con nuestros hijos, pero este año no tenemos mucho dinero.

Yo prefiero conocer países nuevos, conocer gente, ciudades y visitar monumentos.

Yo quiero viajar al extranjero. Me interesan las culturas diferentes, el arte y todo eso.

A mí me gustan la tranquilidad y el sol. No me gustan los viajes organizados, en autocar y con guías.

A mí me gustan los viajes con todo organizado: los hoteles, el avión, todo. No tengo tiempo para organizarlo yo.

Cristina

Encarna

Raquel

Francisco

Miguel

**2** Escucha a Isabel, a Clara y a Toni. Hablan de sus vacaciones. Señala cuál de ellos...

| | Clara | Toni | Isabel |
|---|---|---|---|
| prefiere ir a un camping | | X | |
| va a un apartamento | X | | |
| va a un pueblo pequeño | | | X |
| le gusta ir a bailar | X | | |
| puede ir a pescar | | X | |
| monta en bicicleta | X | | X |
| va con sus hijos | | X | |

**3** Y a esta gente, ¿cómo le gusta viajar? Fíjate en las imágenes y escríbelo.

**4** **¿Gusta o gustan?**

- Me _gusta_ muchísimo vivir en el centro.
- ¿Sí? A mí me _gustan_ más los barrios tranquilos.

- ¿Quieres ir en moto? ¿Vamos a dar un paseo?
- ¡Huy! No, gracias. A mí me _gusta_ más (andar.)

- ¿Te _gusta_ la comida mexicana?
- Sí, muchísimo.

- A mí, las playas con mucha gente no me _gustan_ nada.
- A mí tampoco, la verdad.

- ¿Te _gusta_ Madrid?
- Bueno, es que en general las ciudades grandes no me _gustan_ mucho.

_[handwritten notes: quarters, marcher, beau - bonito, bon - bon, estabais - bien]_

**5** Ahora vas a escuchar unos breves diálogos entre dos personas.
**Marca en cada caso de qué están hablando.**

1. ☐ a) unas fotos de las vacaciones
   ☐ b) una moto nueva

2. ☐ a) una novela
   ☐ b) unos poemas

3. ☐ a) unas canciones
   ☐ b) un disco de música clásica

4. ☐ a) un coche
   ☐ b) unos chicos

5. ☐ a) una exposición de pintura
   ☐ b) unas casas

**6** Describe ahora tus gustos respecto a estos temas. Usa **me interesa/n**, **no me interesa/n**, **me encanta/n**, **me gusta/n mucho**, **no me gusta/n nada**, etc.

viajar en moto

los restaurantes chinos

leer poesía

el jazz

las discotecas

las playas desiertas

la política

Bach y Vivaldi

aprender idiomas

el cine americano

trabajar

jugar al rugby

la historia de España

la televisión

**7** Relaciona.

| A mis hermanos | me gusta mucho | las canciones de Brel. |
| A mí | te gusta | viajar en coche, ¿verdad? |
| A Carlos | no le gustan mucho | la música clásica. |
| A María y a ti | nos encantan | las vacaciones en la playa. |
| A Carmen y a mí | os gustan | las novelas de Cortázar, ¿verdad? |
| A ti | no les gusta nada | la pintura de Dalí. |

**8** Vas a escuchar el principio de cuatro frases. Tienes que elegir uno de estos seis finales para cada una.

... porque nos interesa mucho Hispanoamérica.

1 prefiero viajar con mis amigos.

... prefiero viajar en coche o en tren.

... porque me gusta mucho la naturaleza y andar.

... preferimos ir a la playa unos días en verano.

... no me gusta nada ir con mi familia.

**9** Escucha las siguientes conversaciones. ¿Puedes relacionar cada una con una imagen?

Después, vuelve a escuchar las seis conversaciones. Intenta anotar todas las formas de los verbos **querer** y **preferir** que oyes.

| | QUERER | PREFERIR |
|---|---|---|
| yo | | |
| tú | | |
| él, ella | | |
| nosotros/as | | |
| vosotros/as | | |
| ellos, ellas | | |

Ahora subraya las formas en las que se da el cambio **e ──→ ie**.

*[handwritten top margin:]* el cine no está lado de la piscina, el cine está en la Calle Mayor, el la piscina está al lado de el camping derechas de la estación

**10** ¿Verdadero o falso? Mira el dibujo y contesta.

| V | F | |
|---|---|---|
| ☒ | ☐ | 1. La estación está en la plaza de España. |
| ☐ | ☒ | 2. Hay dos farmacias en el pueblo. |
| ☒ | ☐ | 3. Hay un hotel en la avenida de la Constitución. |
| ☐ | ☐ | 4. La iglesia y el ayuntamiento están en la plaza de España. |
| ☒ | ☒ | 5. La farmacia está en la calle Mayor. |
| ☐ | ☒ | 6. La caja de ahorros y el teatro están en el parque. |
| ☐ | ☒ | 7. El cine está al lado de la piscina. |
| ☒ | ☐ | 8. El polideportivo está muy cerca de la piscina, al lado. |
| ☒ | ☐ | 9. Hay un supermercado cerca de la escuela. |
| ☐ | ☒ | 10. El campo de fútbol está en la calle Mayor. |

**Corrige ahora las que son falsas.**

La farmacia no está
en la calle Mayor.

*[handwritten answers:]*

el campo de futbol no está en la calle mayor pero no es el nombre de la calle donde

No Hay dos farmacias. La farmacia está sola al lado de la escuela en el pueblo

La farmacia no está en la calle Mayor, pero

La caja de ahorros y el teatro no están en el parque. el teatro está detrás de el parque y la caja de ahorros está en la avenida de la Constitución. Pero cuando estés en la espalda a la estación están en derecha

**11** Completa las preguntas con **hay** o **está** y ayuda a unas personas que visitan el pueblo.

- Perdone, ¿dónde **está** la oficina de Correos?
- (pl. España) **En la plaza de España.**

- ¿ _Hay_ una farmacia por aquí?
- (parque) _Si está detrás de el parque_

- ¿ _Hay_ hotel en este pueblo?
- (avda. Constitución) _Está en la avenida de la Constitución._

- ¿Dónde _está_ el banco, por favor?
- (no/caja de ahorros/avda. Constitución) _No hay un banco. Hay una caja de ahorros en la avda Const._

- ¿Dónde _está_ el supermercado?
- (calle Mayor/cine) _en la calle Mayor al lado de el cine._

- Perdone, ¿ _está_ una agencia de viajes en el pueblo?
- (no) _no, no hay_

- ¿ _Hay_ un camping en el pueblo?
- (piscina) _si hay un camping y una piscina._

**12** Sitúa en este plano seis de estas diez cosas: las que son para ti más importantes para tener un barrio ideal.

una farmacia (F)
un supermercado (SM)
una estación (E)
un cine (C)
un hotel (H)
un parque(P)
un polideportivo (PD)
una iglesia (I)
un restaurante (R)
una piscina (PC)
un hospital (HP)
una escuela (EC)
un museo (M)

Tu compañero te va a hacer preguntas para averiguar qué hay y dónde está cada cosa. Después pregúntale tú a él.

• ¿Hay un museo en tu barrio?
○ Sí.
• ¿Está en la plaza?
○ No
• ¿Dónde está?
○ En la calle Gabriel Celaya.

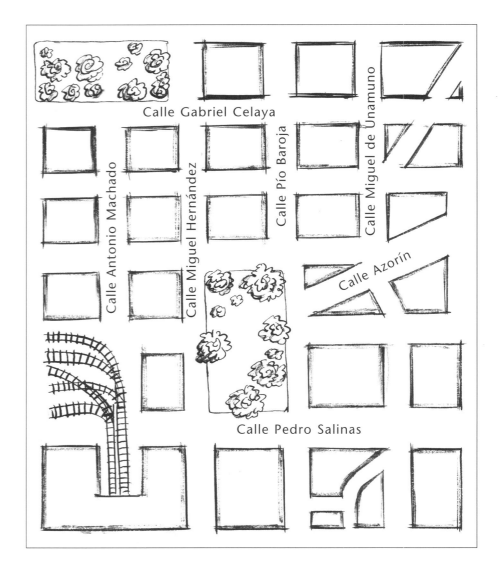

Calle Gabriel Celaya
Calle Antonio Machado
Calle Miguel Hernández
Calle Pío Baroja
Calle Miguel de Unamuno
Calle Azorín
Calle Pedro Salinas

**13** Haz dos listas. Consulta el diccionario o el libro si te falta vocabulario.

10 COSAS QUE HAY CERCA DE MI CASA

En mi barrio hay...

5 COSAS QUE FALTAN EN MI BARRIO

En mi barrio no hay...

**14** Una persona está interesada en este apartamento de Tenerife y llama a la agencia de viajes para obtener más información. Escucha y señala la información que le dan.

El apartamento está...

- ☐ cerca de la playa
- ☐ cerca de un campo de golf
- ☐ lejos del aeropuerto
- ☐ cerca de la ciudad de Sta. Cruz
- ☐ en una zona muy tranquila

En los apartamentos hay...

- ☐ aire acondicionado
- ☐ teléfono
- ☐ televisión
- ☐ cinco habitaciones
- ☐ parking
- ☐ piscina
- ☐ pistas de tenis

**SOL, MAR Y TRANQUILIDAD**

Ocasión: apartamento muy barato en Tenerife. 1-15 de agosto. Para 5 personas. Muy cerca de la playa. Viajes Solimar. Tlf. 4197654

**15** ¿Y a ti te interesa este apartamento? ¿Por qué? ¿Qué otras preguntas harías a la agencia?

**16** Fíjate en estas formas para mostrar acuerdo y desacuerdo.

| yo también | yo tampoco | a mí sí | a mí no |
|---|---|---|---|
| yo no | a mí también | yo sí | a mí tampoco |

¿Dónde puedes usar cada una?

● Quiero conocer Andalucía.

Yo también.

_____

● Me gusta muchísimo el teatro.

_____

_____

● No tengo vacaciones en agosto.

_____

_____

● No me interesa nada el golf.

_____

_____

**17** Vas a escuchar ocho enunciados. ¿Cuál es la respuesta para cada uno de ellos?

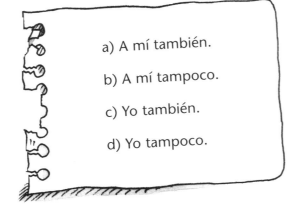

a) A mí también.

b) A mí tampoco.

c) Yo también.

d) Yo tampoco.

1. ☐    2. ☐    3. ☐    4. ☐

5. ☐    6. ☐    7. ☐    8. ☐

**18** Vuelve a escuchar con atención y escribe la tercera palabra de cada frase.

1. _____    2. _____    3. _____    4. _____

5. _____    6. _____    7. _____    8. _____

*may    abril.    agusto septiembre junio octubre marzo diciembre.*

**19** En esta sopa de letras se esconden los nombres de diez meses. Descúbrelos y escribe los dos que faltan.

_____

_____

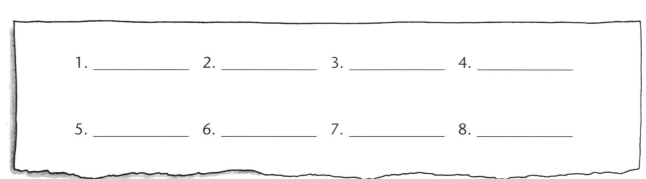

```
a  l  b  a  c  e  n  e  r  o  p  m  a  r  z  o
b  a  r  c  l  u  j  a  s  j  u  n  i  o  h  o
r  u  d  t  f  v  j  k  l  o  s  e  r  y  u  i
i  t  i  n  e  u  s  m  e  r  z  i  n  e  z  a
l  n  c  s  o  c  t  u  b  r  e  j  o  m  e  o
m  f  i  e  s  f  c  o  l  o  a  n  v  a  r  t
m  a  e  t  i  u  s  g  u  t  t  h  i  l  a  g
j  u  m  i  f  e  b  r  e  r  t  a  e  i  g  h
m  i  b  r  c  n  u  o  p  f  e  r  m  a  o  u
p  e  r  o  q  u  m  a  y  o  p  i  b  s  s  t
g  e  e  i  l  o  p  a  r  t  i  c  r  s  t  h
s  e  p  t  i  e  m  b  r  e  e  s  e  p  o  o
```

**20** ¿Puedes completar el texto con las fechas? Escribe el nombre completo de los meses.

12 - X

23 - IV

1 - I

25 - VII

15 - VIII

7 - VII

25 - XII

15 - V

19 - III

1 - XI

6 - XII

1 - V

En España, como en todos los países, hay muchas fechas importantes. Son fiestas religiosas, aniversarios de acontecimientos históricos o, simplemente, fiestas locales. Hay fiestas de origen religioso, como la Virgen de Agosto, _15 Agosto_, el día del apóstol Santiago -el _25 Julio_ - o el día de Todos los Santos, que es el _1 Noviembre_

Son fiesta, como en muchos países, el _1 mayo_, día del Trabajo, el _25 Deciembre_ Navidad, o el día de Año Nuevo: el _1 enero_.

Hay celebraciones históricas: el _6 Deciembre_ es el día de la Constitución, una fecha muy importante en la historia política contemporánea de nuestro país (la constitución democrática después de la dictadura de Franco). Y el _12 Octobre_, que es el aniversario de la llegada de Colón a América.

También hay fiestas locales muy populares: el _____ son los famosos San Fermines de Pamplona, en Navarra; el _____ es Sant Jordi, una fiesta importante en Cataluña: es el día de la rosa y del libro.

El _____ es la Fiesta Mayor de Madrid. Y en San José, el _____, en Valencia se queman las Fallas.

¿Cuáles son las fechas más importantes en tu país? Escríbelas con los nombres de los meses completos.

**21** Contesta a las preguntas de este test. Para leer los resultados, puedes consultar los adjetivos que aprendiste en la secuencia GENTE CON GENTE.

## ¿ERES SOCIABLE?

### 1. Cuando voy de vacaciones me gusta...

☐ a. ir solo/a o con mi novio/a. Ni amigos, ni familia.

☒ b. ir con la familia o amigos, pero también solo/a o con mi novio/a. Depende.

☐ c. ir con un grupo grande de amigos o con toda la familia.

### 2. Y cuando estoy en el lugar elegido...

☒ a. me interesa más visitar los museos, ir a la playa o pasear.

☐ b. me gusta descansar pero también conocer las costumbres del lugar.

☐ c. me encanta hablar con la gente para conocer sus costumbres y tradiciones.

### 3. Me gusta viajar...

☐ a. en mi coche o en mi moto.

☒ b. en coche, en tren, en avión ~~o en autobús~~.   *pero no en autobus -*

☐ c. en autostop para conocer gente nueva.

### 4. Para estudiar o trabajar prefiero...

*los tres - Depende.*

☒ a. estar solo/a, en casa con mi música y mis cosas.

☒ b. generalmente solo/a, pero estudiar con gente también es divertido.

☒ c. no me gusta nada trabajar solo/a: prefiero estar con amigos para estudiar o trabajar bien.

### 5. Y ahora, sinceramente: ¿Eres...

☐ a. serio/a, callado/a, tímido/a y perezoso/a para hablar con la gente?

☒ b. un poco tímido/a pero activo/a y sociable?

☐ c. muy simpático/a, sociable y cariñoso/a?

**Mayoría de respuestas A:** no eres sociable, claro, pero eres muy independiente. Una pregunta: ¿no te aburres un poco?

**Mayoría de respuestas B:** eres una persona muy normal. Eres sociable, abierto/a y seguramente tienes muchos y buenos amigos.

**Mayoría de respuestas C:** ¡enhorabuena! Tú no tienes problemas para conocer gente: donde quieres y cuando quieres. Eres muy, muy sociable... ¿demasiado?

**22** Completa este gráfico con las palabras nuevas que has aprendido en estas cuatro lecciones.

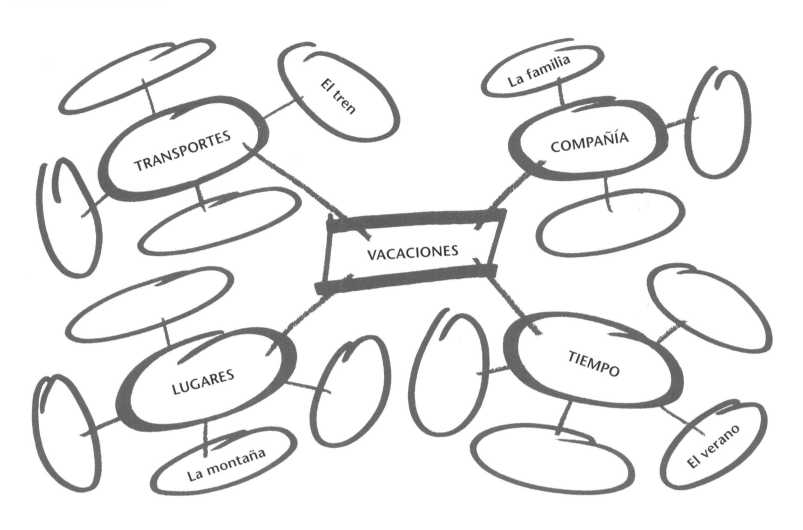

**23** Mira el mapa de Sudamérica (página 39 del *Libro del alumno*). Intenta descubrir de qué estamos hablando:

1. Son unas islas que están al Sureste de Argentina: _____

2. Es un lago que está al Oeste de La Paz: _____

3. Es la capital del país que está al Noroeste de Perú: _____

4. Es un río que pasa por el Norte de Argentina: _____

**Ahora describe tú estos lugares:**

a. Machu Picchu: _____

b. Amazonas: _____

c. Córdoba: _____

d. San Vicente: _____

**24** Fíjate bien en el siguiente plano de una isla imaginaria: Barnabi. Pon junto a cada lugar el nombre que le corresponde.

| lago | mar | montaña | pueblo | río | puerto | ciudad | playa | hotel | camping | aeropuerto |

Escribe siete cosas que sabes sobre esta isla.

1. Hay un río que está al Sur de la montaña, cerca del pueblo.

2. _____

3. _____

4. _____

5. _____

6. _____

7. _____

8. _____

Escucha con atención estas informaciones sobre otra isla que está
cerca de Barnabi: la isla de Tacri. Haz una lista con las cosas que hay
en ella. Después, escucha otra vez las informaciones e intenta
completar el dibujo con todo lo que falta.

**25** Haz una lista con cinco nombres
de la geografía de tu país y
dásela a tu profesor. Él va a
recoger todas las listas y las va a
repartir entre los alumnos.
Pregunta por los nombres de la
lista que recibes y prepara tus
respuestas con esta ficha.

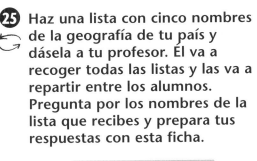

● ¿Qué es Trondheim?
○ Una ciudad de Noruega.

| | LUGAR | DESCRIPCIÓN |
|---|---|---|
| 1 | | |
| 2 | | |
| 3 | | |
| 4 | | |
| 5 | | |

**51**

# Así puedes aprender mejor

Observa bien a Rodolfo y a Tere. ¿Cómo te imaginas que son sus vacaciones? Escribe su inicial (R o T) junto a las cosas con las que los relacionas.

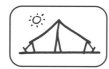  

Como ves, el contexto, las cosas que tú sabes sobre las personas y el mundo, te permiten hacer hipótesis sobre lo que vas a escuchar o a leer. Estas hipótesis te pueden ayudar a entender lo que oyes y lees, tanto en la clase como fuera de ella.

Ahora escucha lo que cuentan Tere y Rodolfo sobre sus vacaciones. ¿Has acertado con tus hipótesis?

# Autoevaluación

En general:

| | ☀ | ⛅ | ☁ | 🌫 |
|---|---|---|---|---|
| Mi participación en clase | | | | |
| Mi trabajo en casa | | | | |
| Mis progresos en español | | | | |
| Mis dificultades | | | | |

Y en particular:

| | | | | | |
|---|---|---|---|---|---|
| Gramática | | | | | |
| Vocabulario | | | | | |
| Fonética y pronunciación | | | | | |
| Lectura | | | | | |
| Audición | | | | | |
| Escritura | | | | | |
| Cultura | | | | | |

## Diario personal

(Me gusta mucho / No me gusta) hablar con mis compañeros de las vacaciones. (Es / no es) muy interesante conocer sus gustos y preferencias. Ahora yo puedo hablar de mis vacaciones (muy bien / bien / regular / con problemas) y puedo describir qué hay en mi ciudad y mi barrio (muy bien / bien / regular / con problemas). Me gusta(n) mucho la(s) actividad(es)_____ porque_____, pero no me gusta(n) mucho la(s) actividad(es)_____ porque _____. Entiendo (muy bien / bien / con dificultad) la diferencia entre está/n y hay. Y puedo hablar de mis gustos y preferencias con los verbos gustar y preferir (muy bien / bien / con dificultad).

## HABLAR DE GUSTOS E INTERESES

Me gust**a**
Me interes**a** } la playa / este bar / ...               *NOMBRES EN SINGULAR*
Me encant**a** } pasear / conocer gente / ...            *VERBOS EN INFINITIVO*

Me gust**an**
Me interes**an** } los deportes / las ciudades / ...      *NOMBRES EN PLURAL*
Me encant**an**... }

| a mí | me | | | a mí | me | | |
|---|---|---|---|---|---|---|---|
| a ti | te | | | a ti | te | | |
| a él | le | | | a él | le | | |
| a ella | le | | muchísimo. | a ella | le | | mucho. |
| a usted | le | gusta/n | mucho. | a usted | no le | gusta/n | nada. |
| a nosotros/as | nos | | bastante. | a nosotros/as | nos | | |
| a vosotros/as | os | | | a vosotros/as | os | | |
| a ellos | les | | | a ellos | les | | |
| a ellas | les | | | a ellas | les | | |
| a ustedes | les | | | a ustedes | les | | |

Pero: ~~Me encanta/n muchísimo / mucho / bastante.~~

> A mí me gusta visitar parques.

> A mí me gusta visitar museos.

## Y, NO... NI, TAMBIÉN, TAMPOCO, PERO, PUES

En el pueblo hay un hotel **y** dos bares. **También** hay un casino.
En el pueblo **no** hay cine **ni** teatro. Y **tampoco** hay farmacia.
En el pueblo no hay restaurante, **pero** hay dos bares y una cafetería.

•••○ Muchas veces, cuando contrastamos opiniones, usamos **pues**:

> ● Me encanta.
> ○ **Pues** a mí no me gusta mucho.

## SÍ, NO, TAMBIÉN, TAMPOCO

> ● (A mí) me gusta mucho el cine.     ○ A mí **también**.
>                                          A mí, no.

> ● (A mí) no me gustan las ciudades en verano.     ○ A mí, **tampoco**.
>                                                        A mí, sí.

> ● (Yo) soy profesor de español.     ○ Yo, **también**.
>                                          Yo, no.

> ● (Yo) no tengo dinero para ir en avión.     ○ Yo, **tampoco**.
>                                                   Yo, sí.

> ¿A ti te gusta?

> Sí, mucho.

> Pues a mí no mucho.

¿Hay peluquería en el camping?

### HAY Y ESTÁ/N

**Hay:** para hablar de la existencia

●●●○ Si estamos interesados en los servicios de un lugar en concreto, no usamos artículo.

- ¿Hay farmacia en el camping?
- ○ No, en el camping no hay farmacia.

Nombre en singular cuando parece lógico que sólo haya uno.

- ¿Hay tiendas de electrónica en este barrio?
- ○ No, en este barrio no hay.

¿Hay una peluquería por aquí cerca?

Nombre en plural cuando suponemos que hay más de uno.

●●●○ Si estamos interesados en encontrar el servicio, más que en el sitio donde se encuentra, usamos el artículo indeterminado (**un/una**).

*ATENCIÓN:*

En el pueblo **hay**
{
un bar.                              *SINGULAR*
una farmacia.
dos / tres / ... bares.              *PLURAL*
muchas / varias / ... farmacias.
}

**Está** o **están:** para localizar cosas, lugares o servicios

*SINGULAR*
El bar **está** en la calle Mayor.
La farmacia **está** en la plaza.

*PLURAL*
Los bares **están** en la avenida de la Constitución.
Las farmacias **están** en la plaza y en la calle Mayor.

### QUERER Y PREFERIR: E/IE

| | QUERER | PREFERIR |
|---|---|---|
| (yo) | quiero | prefiero |
| (tú) | quieres | prefieres |
| (él, ella, usted) | quiere | prefiere |
| (nosotros/as) | queremos | preferimos |
| (vosotros/as) | queréis | preferís |
| (ellos, ellas, ustedes) | quieren | prefieren |

Quiero
Prefiero
...
} un apartamento barato.
las vacaciones en septiembre.          *SUSTANTIVOS*

Quiero
Prefiero
...
} visitar el Museo Picasso.
alojarme en un camping.                *VERBOS EN INFINITIVO*

¿Qué prefieres? ¿Ir a la playa o a la montaña?

Yo, a la montaña.

**55**

# gente de compras

## Aquí encontrarás:

**1** Mira estas tres listas de la compra. ¿A qué tiendas de Gentishop (*Libro del alumno*, págs. 40-41) tiene que ir cada una de estas personas?

RAMÓN

una novela para Alicia
desodorante
aspirinas
dos periódicos:
"Le Monde" y "El País"
un secador de pelo

TIENE QUE IR A:

_____

_____

_____

_____

ANAMARI

pasteles
sobres
un ramo de flores
dos botellas de vino
pelotas de tenis
una corbata para Luis

TIENE QUE IR A:

_____

_____

_____

_____

ALBERTO

unos zapatos
dos revistas:
"Marie-Claire" y "Hola"
unas postales
espuma de afeitar
una cafetera

TIENE QUE IR A:

_____

_____

_____

_____

**2** Y estas cosas, ¿dónde las puedes comprar? Escríbelo según el ejemplo.

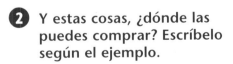
Las flores, en la floristería.

## gente de compras

**3** Piensa en seis cosas que has comprado en las dos últimas semanas. ¿En qué tiendas de las páginas 40 y 41 del *Libro del alumno* se pueden comprar?

**4** Pregunta el precio de estas cosas. Atención a: **cuesta/cuestan** y **este/a/os/as**.

- ¿Cuánto cuestan estos pantalones?
  ○ 34.000 pesetas.

- Cuánto cuestan las ~~botes~~ *estas pilas*
  ○ 200 pesetas.

- Cuánto cuestan los *estos zapatos*
  ○ 14. 000 pesetas.

- Cuánto cuestan los flores *estas*
  ○ 2.700 pesetas.

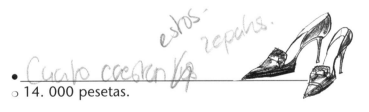

- Cuánto cuesta la ~~mejor~~ *esta postal*
  ○ 85 pesetas.

- Cuánto cuesta el libro *este*
  ○ 4.075 pesetas.

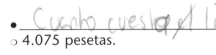

- Cuánto cuesta la *esta televisión*
  ○ 258.795 pesetas.

- Cuánto cuesta el *este pastel*
  ○ 1.700 pesetas.

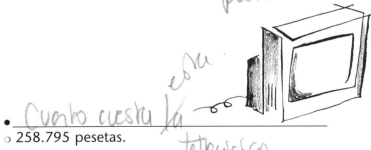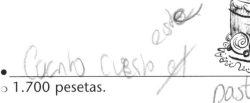

¿Cuáles de estas cosas te parecen caras o baratas? Escríbelo. Puedes usar estos adverbios: **un poco, bastante, muy, demasiado**.

Los pantalones son muy caros.

**5** Están hablando de unos calcetines, una chaqueta, unas botellas de cava y un perfume. Escribe cada cosa en el lugar correspondiente.

CUANDO DICEN:
Éste es un poco fuerte, ¿no?
A mí me gusta ésta.
Éstas son muy caras.
Y éstos, ¿cuánto valen?

ESTÁN HABLANDO DE:
_un perfume (Este es)_
_una chaqueta (esta guste)_
_botellas de cava (fem plu)_
_una calcetines._

**6** Escucha ahora estas conversaciones que suceden en una tienda y señala de qué están hablando.

4. ☒ un perfume
☐ unos calcetines

8. ☐ una botella de leche
☒ un paquete de café

1. ☒ una americana
☐ un pañuelo

5. ☐ unas flores
☒ unos pasteles

9. ☒ unos zapatos
☐ una cámara de fotos

2. ☐ un reloj
☒ unas pilas

6. ☐ una guitarra
☒ un disco de jazz

10. ☒ una cafetera
☐ unas pelotas de tenis

3. ☐ una revista
☒ unas cintas de vídeo

7. ☐ una novela
☒ un reloj

**7** Aquí tienes el nombre de las monedas de diferentes países. Escribe cada uno en la columna correspondiente.

yen    peseta    dólar    marco    libra    lira    florín    franco    escudo    corona

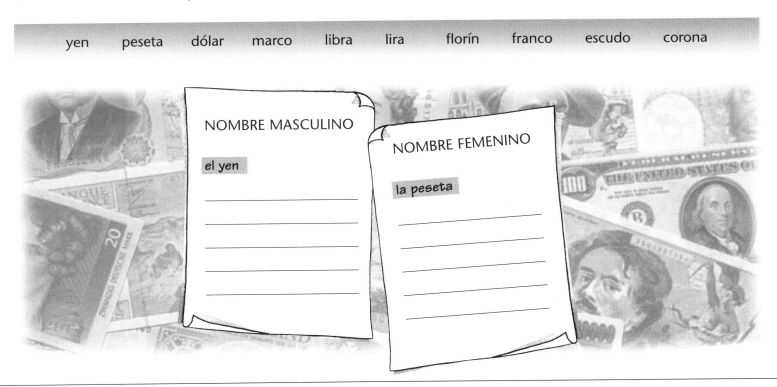

NOMBRE MASCULINO

el yen

NOMBRE FEMENINO

la peseta

# gente de compras

**8** El grupo de clase necesita pesetas, y cada uno trae su moneda propia.
¿Puedes ayudarles a calcular cuánto valen en pesetas las cantidades
siguientes? Escríbelo en letras.

a. Cien libras irlandesas..... *son veintidós mil seiscientas pesetas.*

b. Mil escudos portugueses ......................................................

c. Diez mil liras italianas .........................................................

d. Diez dólares USA ...............................................................

e. Mil dracmas griegos ..........................................................

f. Cien marcos alemanes ........................................................

g. Mil libras esterlinas ............................................................

h. Cien yenes japoneses .........................................................

i. Diez francos suizos .............................................................

j. Cien dólares australianos .....................................................

k. Mil chelines austriacos ........................................................

l. Cien coronas danesas ..........................................................

m. Mil florines holandeses .......................................................

n. Mil francos belgas ..............................................................

| | DIVISAS 3-7-97 Venta |
|---|---|
| 1 dólar EE.UU. | 148 |
| 1 ECU | 166 |
| 1 marco alemán | 84 |
| 1 franco francés | 25 |
| 1 libra esterlina | 248 |
| 100 liras italianas | 8 |
| 100 franc. belgas | 409 |
| 1 florín holandés | 75 |
| 1 corona danesa | 22 |
| 1 libra irlandesa | 226 |
| 100 escudos portugueses | 83 |
| 100 dracmas griegas | 53 |
| 1 dólar canadiense | 107 |
| 1 franco suizo | 100 |
| 100 yenes japoneses | 129 |
| 1 corona sueca | 19 |
| 1 corona noruega | 20 |
| 1 marco finlandés | 28 |
| 1 chelín austriaco | 12 |
| 1 dólar australiano | 111 |
| 1 dólar neozelandés | 100 |

**9** ¿Recuerdas los nombres
de estas prendas?

**10** Escucha ahora las ofertas de Gentishop. ¡Se han olvidado de poner los precios nuevos! Escríbelos tú.

ANTES
15.000 pesetas
**AHORA**

ANTES
7.000 pesetas
**AHORA**

ANTES
7.000 pesetas
**AHORA**

ANTES
1.450 pesetas
**AHORA**

ANTES
5.500 pesetas
**AHORA**

ANTES
5.500 pesetas
**AHORA**

ANTES
5.200 pesetas
**AHORA**

ANTES
2.500 pesetas
**AHORA**

ANTES
1.450 pesetas
**AHORA**

ANTES
5.200 pesetas
**AHORA**

**11** Completa con la forma correcta del verbo **tener**.

- Oye, Jaime, ¿_____ cámara de fotos?
- Yo no, pero mi mujer _____ una.

- ¿Cuántos años _____?
- Yo _____ veintidós, y Gloria, veinte.

- Los padres de Javier _____ muchísimo dinero:_____ dos casas en la playa y un coche deportivo fantástico.
- ¿En serio?

- ¿Celia y tú _____ hijos?
- Sí, _____ dos niñas, Ana y Bea.

**12** Escribe cinco cosas que **tienes que hacer** normalmente durante la semana y otras cinco que **tiene que hacer** la gente con la que vives.

Yo tengo que ir a la universidad.

Mi hermana tiene que ir a clase de español.

**13** ¿Qué cosas relacionas con cada color? Utiliza el diccionario si lo necesitas.

cosas azules

el mar,

unos vaqueros...

cosas negras

cosas blancas

cosas verdes

cosas marrones

cosas amarillas

cosas rojas

cosas rosas

**14** Estas cosas no tienen color, pero seguro que a ti te sugieren uno.

El verano, lo veo _____
La primavera, _____
El otoño, _____
El invierno, _____

¿Y los diferentes días de la semana? ¿Ves algunos días de un color especial? ¿Y los meses del año? Escribe alguno de ellos.

El domingo, lo veo _____
El mes de julio, lo veo _____
_____
_____

Comenta con tus compañeros tus impresiones. Seguro que cada uno de vosotros ve las cosas de diferente color.

**15** ¿Recuerdas los adjetivos de la secuencia *GENTE CON GENTE*? Coloca ahora los colores en el lugar adecuado de este cuadro. Escribe también las formas del plural.

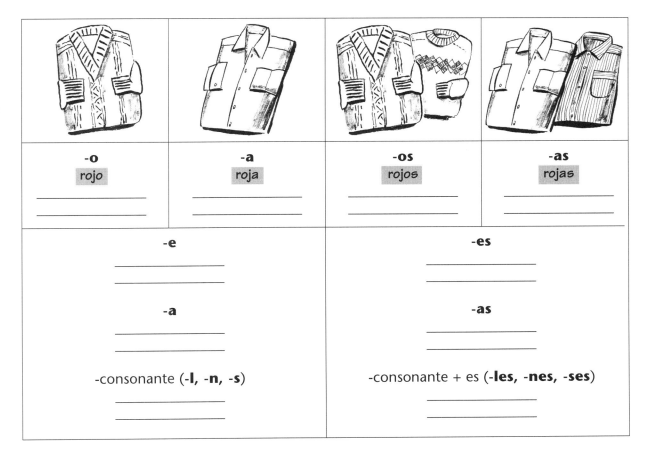

| -o | -a | -os | -as |
|---|---|---|---|
| rojo | roja | rojos | rojas |
| _____ | _____ | _____ | _____ |
| _____ | _____ | _____ | _____ |

| -e | -es |
|---|---|
| _____ | _____ |
| _____ | _____ |
| _____ | _____ |

| -a | -as |
|---|---|
| _____ | _____ |
| _____ | _____ |

| -consonante (-l, -n, -s) | -consonante + es (-les, -nes, -ses) |
|---|---|
| | _____ |
| | _____ |

**16** Mira el dibujo y lee las informaciones. ¿A quién se refieren estas frases?

1. Lleva ropa muy juvenil: hoy lleva una camiseta blanca y una falda azul y blanca. Y siempre, botas.
2. Le gusta la ropa clásica y elegante, pero cómoda. Hoy lleva una chaqueta y una falda marrones y unos zapatos de tacón, marrones también.
3. Le gusta la ropa informal: lleva siempre pantalones vaqueros y camiseta blanca.
4. Siempre va muy elegante. Lleva pantalones grises, chaqueta azul, camisa blanca y pajarita.
5. Es muy clásico: siempre con pantalones, chaleco y chaqueta.
6. Lleva un vestido largo azul y unos zapatos rojos.

**17**  Vas a hacer un viaje a uno de los siguientes lugares.

- unas vacaciones de
  dos semanas en Canadá
  en noviembre

- un viaje de trabajo a Cuba

- cuatro semanas
  en Argentina, en diciembre

- tres días en Caracas

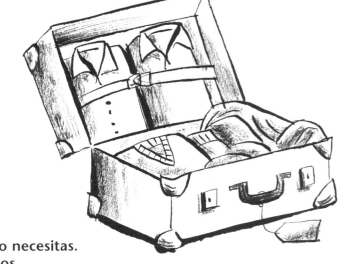

**Elige uno de los viajes y decide qué equipaje mínimo necesitas.
Anota la ropa que vas a llevar y otros posibles objetos.**

**Si todos entregamos nuestra lista al profesor, él las repartirá al azar.
Cada uno lee la que ha recibido, y los demás tienen que adivinar
a dónde va.**

**18** Escucha a Javier cómo describe a un grupo de amigos suyos. Escribe el nombre de cada uno de sus amigos de la imagen.

1. _____
2. _____
3. _____
4. _____

**19** Vuelve a escuchar la descripción que hace Javier y completa con los colores.

Mira, el que lleva una chaqueta _____ y unos pantalones _____ es Alejandro, mi

mejor amigo, y la chica que lleva un vestido largo y unos zapatos de tacón es Lucía, su novia.

Es muy simpática, pero un poco rara. Rosa es la de la falda _____ y el jersey

_____. Normalmente lleva siempre pantalones, pero ese día se puso falda. Y la última

es Lola. Es la que lleva un vestido _____ y un abrigo _____. Es guapa, ¿verdad?

**20** Unas personas están preparando una fiesta de cumpleaños para un amigo.
Completa las conversaciones con el verbo **poder** y las palabras de la lista.

| platos y vasos | bebidas | regalo | servilletas | comida | tarta de cumpleaños |
|---|---|---|---|---|---|

- Yo _____ traer los _____.
- ¿Y _____(tú) traer las _____
  también?

- Carlos y Verónica _____ preparar la _____.
  Cocinan muy bien.

- Nosotras tres _____ comprar el _____
  en Gentishop.

- ¿Quién _____ comprar las _____?
- Yo mismo. A ver..., cocacolas, cervezas, vino...

- Oye, ¿Javier y tú _____ hacer una _____?
- De chocolate, por ejemplo.
- Vale, sí, _____ hacerla nosotros.

**21** Observa estos diálogos. La gente no habla así, ¿verdad? Normalmente
usamos **lo, la, los, las** para evitar las repeticiones.

- ¿Dónde tienes el coche?
- Tengo el coche en casa. ⟶ | **Lo tengo en casa.** |

- ¿Necesitas la moto este fin de semana?
- Sí, necesito la moto el
  sábado para ir a una fiesta. ⟶ |  |

- ¿Quién puede traer las cervezas?
- Yo puedo traer las cervezas. ⟶ |  |

- ¿Dónde compras el vino? Es muy bueno.
- Pues compro el vino siempre
  en la bodega de Gentishop. ⟶ |  |

**22** ¿De qué hablan?

1. Lo puedes comprar en una joyería.
2. Los comes en las fiestas y son de nata,
   de chocolate, etc.
3. Los necesitas para ir a trabajar, para ir a clase...
4. La gente la compra normalmente en
   el supermercado.

5. Las puedes leer en casa, en el autobús,
   en la peluquería...
6. La usas para pagar, pero no es dinero.
7. Normalmente lo llevan las mujeres
   y no es una falda.
8. Las puedes comer en restaurantes o en casa.

**Están hablando de...**

- **1** reloj
- ☐ revistas
- ☐ zapatos
- ☐ pasteles
- ☐ comida
- ☐ vestido
- ☐ tarjeta de crédito
- ☐ pizzas

**23** Describe tú ahora estas cosas. En clase vas a leer tus descripciones a tus
compañeros para que adivinen de qué hablas.

| unos pantalones | el vino | las flores | el tabaco | el teléfono | la lavadora |
|---|---|---|---|---|---|

## gente de compras

**24** Busca otras cinco cosas en las páginas de *GENTE DE COMPRAS* y descríbelas con **lo**, **la**, **los**, **las**. En clase vas a leer tus descripciones a tus compañeros para que adivinen de qué hablas.

**25** El profesor va a decir una letra (**la ce**, **la ese**, **la ele...**) A ver quién es el más rápido en completar todas las categorías con una palabra que empieza con esa letra.

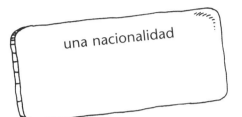

una prenda de ropa

una ciudad de Hispanoamérica

algo que se puede regalar

una nacionalidad

una palabra relacionada con las vacaciones

Si queréis, después de jugar con varias letras, podéis inventar categorías nuevas.

**26** Estos dos hermanos están decidiendo los regalos de Navidad. Completa los diálogos con las palabras que faltan (**le**, **les**, **lo**, **los**, **la**, **las**). Las palabras en *cursiva* pueden servirte de ayuda.

● Pues *a la tía Alicia* podemos comprar__ un pañuelo.
○ Sí, un pañuelo o una novela.
● Y a la tía Mari, pues..., otro pañuelo.
○ ¿Otro? Mejor ___ regalamos el pañuelo *a Mari* y la novela a Alicia.
● Muy bien. *El pañuelo* ___ compro yo. ¿Compras tú la novela?
○ De acuerdo. Yo ____ compro.

● ¿Y *para los tíos* Rodrigo y María Luisa?
○ No sé, podemos comprar___ un disco. Están buscando uno de Bach que no tienen.
● Vale, *pues un* disco. ¿Quién ___ compra, tú o yo?
○ Puedo comprar___ yo.

● Y *a la abuela*, ¿qué __ compramos?
○ *A la abuela* podemos comprar___ un reloj. Tiene uno que no funciona muy bien.
● Un reloj es un poco caro, ¿no?
○ Hombre, depende...

● *La prima Isabel* quiere unas gafas de esquí.
○ Bueno, pues ____ compramos *unas gafas*. ¿ ___ compras tú?
○ Vale.

**27** Haz una lista con personas a las que quieres hacer un regalo. Anótalos en la primera columna. (Tus padres, tu novio, un amigo...). Después, escucha una sugerencia para cada uno de ellos y reacciona.

1.- mi hermana            No, un pañuelo de seda, no. Mejor un libro de arte, que le gustan mucho.

2.-_____            _____

3.-_____            _____

4.-_____            _____

5.-_____            _____

6.-_____            _____

**28** Gentilandia es un país imaginario con muy pocos habitantes. Su moneda oficial es el pesito. Escucha una vez esta información sobre Gentilandia y subraya los números que oigas.

| | |
|---|---|
| 444.000 | 44.000 |
| 20.000 | 650.000 |
| 50.600 | 6.000 |
| 3.55 | 3.500 |
| 200.000 | 325.000 |

Escucha otra vez la audición y escribe las respuestas a estas preguntas.

1. ¿Cuántos kilómetros cuadrados tiene Gentilandia?_____

2. ¿Cuántas mujeres viven en este país? _____

3. ¿Cuánto cuesta una cerveza en un bar?_____

4. ¿Cuánto puede costar comer en un restaurante?_____

5. ¿Cuál es el número de teléfono de la Oficina de Turismo? _____

# gente de compras

**29** Lee esta carta a los Reyes Magos. En cada línea falta una palabra. Haz una señal en el lugar donde falta y escribe al lado la palabra que falta.

Queridos Reyes: este año quiero ↓ mí un tren eléctrico,

un coche teledirigido (tengo pero no funciona) y un

disco de los Beatles. Me gustan mucho, y mi madre

encantan también. Bueno, para mi padre un whisky

escocés y una corbata. Y a los abuelos podéis traer

una radio nueva. Necesitan para escuchar el fútbol

y los seriales. Ah, y para mí también una bici. Quiero

roja, grande (tengo 7 años) bonita. Gracias.

para _____

_____

_____

_____

_____

_____

_____

_____

**30** Mira cómo se puede responder a este tipo de preguntas. ¿Tú que tienes?

● ¿Tienes coche?
○ No, no tengo.
  Sí, tengo un Seat Toledo.

1. ¿Tienes ordenador? _____

2. ¿Tienes cámara de vídeo? _____

3. ¿Tienes moto? _____

4. ¿Tienes cámara de fotos? _____

5. ¿Tienes piano? _____

6. ¿Tienes coche? _____

7. ¿Tienes guitarra? _____

8. ¿Tienes esquís? _____

**31** Responde como en el ejemplo.

● ¿Tienes ordenador?
○ Sí, sí que tengo.
  No, pero quiero comprarme uno.

1. ● ¿Necesitas gafas de sol?
   ○ _____

2. ● ¿Tienes bicicleta?
   ○ _____

3. ● ¿Te traigo unos patines?
   ○ _____

4. ● ¿Tienes cámara de vídeo?
   ○ _____

5. ● ¿Necesitas paraguas?
   ○ _____

6. ● ¿Tienes moto?
   ○ _____

7. ● ¿Necesitas botas de esquiar?
   ○ _____

8. ● ¿Tienes teléfono móvil?
   ○ _____

**32** Tienes que comprar un regalo. Estás dudando entre las cosas que aparecen en los cuadros.

¿Cuál compramos, éste o éste?

¿Qué compramos, esto o esto?

# Así puedes aprender **mejor**

**❶** Estas son algunas de las palabras que has aprendido en esta lección. Probablemente, muchas de ellas tienen una forma parecida en tu lengua o en alguna otra lengua que hablas. Otras palabras pueden ser parecidas, pero tener significado diferente. Son los llamados "falsos amigos".

- ☐ los electrodomésticos
- ☐ la comida
- ☐ los medicamentos
- ☐ la ropa de hombre
- ☐ los pasteles

- ☐ los libros
- ☐ las joyas
- ☐ los zapatos
- ☐ el papel
- ☐ los cosméticos

- ☐ las bebidas
- ☐ las flores
- ☐ las postales
- ☐ las revistas
- ☐ el periódico

Marca con un signo ≠ los "falsos amigos", y con un signo = las palabras semejantes en las dos lenguas. Puedes añadir a esta lista palabras (de esta lección o de lecciones anteriores) con los signos = o ≠. De esta forma, muchas personas recuerdan más fácilmente el vocabulario que aprenden.

**❷** También has aprendido algunos verbos: **regalar, necesitar, comprar**...

Con los verbos podemos preguntar muchas cosas: ¿Quién? ¿Qué? ¿A quién? ¿Dónde? ¿Cuándo?...

Las tres primeras preguntas son importantes para conocer el funcionamiento de los verbos:

**regalar**
¿Quién regala?     Una persona.
¿Qué regala esa persona?     Una cosa.
¿A quién regala la persona esa cosa?     A otra persona.

**necesitar**
¿Quién necesita?     Una persona.
¿Qué necesita esa persona?     Una cosa u a otra persona.

~~¿A quién necesita la persona esa cosa o persona?~~ (Sin sentido)

Así sabemos si ese verbo puede llevar -o tiene que llevar- pronombre OD y pronombre OI.

¿Qué?     OD
¿A quién?     OI

¿Qué verbos conoces como **regalar**? ¿Y cuáles como **necesitar**?

Muchas veces, aunque el significado sea muy parecido en español y en tu propia lengua, las exigencias de OI y OD no son las mismas. Por eso conviene aprender, además del significado de los **verbos**, sus exigencias de OI y OD.

# Autoevaluación

| En general: | ☀ | ⛅ | ⛅ | ☁ |
|---|---|---|---|---|
| Mi participación en clase... | | | | |
| Mis progresos en español... | | | | |
| Mis dificultades... | | | | |

| Y en particular: | | | | | |
|---|---|---|---|---|---|
| Gramática | | | | | |
| Vocabulario | | | | | |
| Fonética y pronunciación | | | | | |
| Lectura | | | | | |
| Audición | | | | | |
| Escritura | | | | | |
| Cultura | | | | | |

## Diario personal

La unidad *GENTE DE COMPRAS* es (muy / bastante) _____ interesante, especialmente la lección 16, donde se habla de _____ y de _____ . En mi país las costumbres son (iguales / semejantes / muy diferentes)_____ .
Los nombres de las tiendas que vemos en las páginas 40 y 41 (también) son (iguales que / parecidos a / muy diferentes de)_____ los españoles. Por otra parte, es una lección muy interesante porque ahora puedo hablar de regalos y precios. También puedo _____ . Para mí, lo más difícil en esta unidad es _____ .

## NÚMEROS A PARTIR DE **100**

| | | | |
|---|---|---|---|
| 100 cien | 400 cuatrocientos/as | 700 **setecientos/as** | 1.000 **mil** |
| 200 doscientos/as | 500 **quinientos/as** | 800 ochocientos/as | |
| 300 trescientos/as | 600 seiscientos/as | 900 **novecientos/as** | |

•••○ Si el número 100 va seguido de unidades (un, dos, tres...) o de decenas (diez, veinte, treinta...) se dice **ciento**; si no, se dice **cien**.

| | |
|---|---|
| 100 **cien** | 101 **ciento** uno |
| | 151 **ciento** cincuenta y uno |
| 3.100 tres mil **cien** | 3.150 tres mil **ciento** cincuenta |
| 100.000 **cien** mil | 110.200 **ciento** diez mil doscientos |
| 100.000.000 **cien** millones | 102.000.000 **ciento** dos millones |

¿ Tres mil cien ...?

No, tres mil ciento cincuenta.

•••○ Las centenas, desde 200 al 999, concuerdan en género con el nombre.

| | *MASCULINO* | *FEMENINO* |
|---|---|---|
| 200 | doscient**os** coches | doscient**as** personas |
| 320 | trescient**os** veinte dólares | trescient**as** veinte pesetas |

## NECESIDAD U OBLIGACIÓN

| TENER | QUE | *INFINITIVO* |
|---|---|---|
| Tengo<br>Tienes<br>Tiene<br>Tenemos<br>Tenéis<br>Tienen | que | comprar un regalo.<br>traer el vino a la cena. |

También se puede expresar la obligación mediante **necesitar** + *INFINITIVO*

**Necesito** comprar un ordenador.

## PREGUNTAR Y DECIR EL PRECIO

¿Cuánto {

*SINGULAR*
cuest**a** esta camisa?
val**e** este jersey?

*PLURAL*
cuest**an** estos pantalones?
val**en** estos zapatos?

(La camisa) { cuest**a** 12.000 pesetas.
(El jersey) { val**e** 7.995 pesetas. .

(Los pantalones) { cuest**an** 360 pesetas.
(Los zapatos) { val**en** 4.950 pesetas.

*SINGULAR*

*PLURAL*

¿Cuánto es todo?

## UN/UNO, UNA

•••○ **Un** y **una** pueden ir delante del nombre:

Tengo **un** hermano y **una** hermana.

•••○ **Uno** y **una** pueden ir en lugar del nombre:

> ● ¿Tienes **monedas** de cien pesetas?
> ○ Sí, aquí tengo **una**. Toma.

Atención:

con algunas cosas de uso personal como **coche, ordenador, bicicleta, teléfono, fax, contestador, esquís, etc.,** no se usa el artículo.

● ¿Tienes fax?
○ Sí, tengo.

## PRONOMBRES OD Y OI DE TERCERA PERSONA

•••○ Los pronombres Objeto Indirecto (OI) son **le** y **les**. Se refieren generalmente a las personas.

| | MASCULINO Y FEMENINO |
|---|---|
| SINGULAR | le |
| PLURAL | les |

Con algunos verbos se ponen obligatoriamente: **gustar, doler,** etc.

> A Carlitos **le duele** la cabeza.

•••○ Los pronombres Objeto Directo (OD) son **lo, la, los** y **las**. Pueden referirse a personas o a cosas

| | MASCULINO | FEMENINO |
|---|---|---|
| SINGULAR | lo | la |
| PLURAL | los | las |

> ● ¿Conoces **a sus padres?**     ● ¿Conoces **estos libros?**
> ○ No, no **los** conozco.     ○ No, no **los** conozco.

Normalmente se ponen sustituyendo al nombre, pero si este nombre va antes del verbo, se ponen los dos, nombre y pronombre OD:

> **Los discos los** compro yo.

•••○ Los pronombres OD y OI van normalmente delante del verbo:

> A mis padres **les compramos** un disco.     Este libro no **lo tengo**.

Pero con los verbos en Infinitivo van detrás, formando una sola palabra.

> Están aquí sus hermanos para **darle** el regalo.

•••○ En construcciones como **ir a, querer, poder y tener que** + *INFINITIVO* los pronombres pueden ir en dos posiciones:

> Sus hijos **quieren darle** el regalo.     Sus hermanos quieren le dar el regalo.
> Sus hijos **le quieren dar** el regalo.

# gente en forma

## Aquí encontrarás:

**1** ¿Recuerdas la lista de actividades de la página 51? ¿Cuáles crees que corresponden a cada una de estas personas?

| | |
|---|---|
| 3 | Come demasiado. |
| ☐ | Come muy poco. |
| ☐ | Trabaja demasiado. |
| ☐ | Duerme poco. |
| ☐ | Hace mucho deporte. |
| ☐ | Toma demasiado café. |
| ☐ | Fuma demasiado. |
| ☐ | No fuma. |
| ☐ | Bebe demasiado alcohol. |
| ☐ | Come mucha fruta. |
| ☐ | No toma azúcar. |
| ☐ | Está mucho tiempo sentado. |
| ☐ | Hace yoga. |
| ☐ | Come muchos dulces. |
| ☐ | Anda bastante. |
| ☐ | Va en bici. |

1

3

2

**2** Escribe cada nombre junto al verbo correspondiente.

| pescado | agua | medicamentos | carne | deporte | gimnasia | verduras | chocolate |
|---|---|---|---|---|---|---|---|
| fibra | alcohol | fruta | cerveza | café | té | azúcar | yoga | dulces |

COMER: _____

BEBER: _____

TOMAR: _____

HACER:   *deporte*  _____

**3** ¿Y tú? ¿Cuáles de las cosas del ejercicio 2 haces tú? Escríbelo. Puedes usar: **mucho/a/os/as, bastante/s, poco/a/os/as, demasiado/a/os/as**...

> No hago mucho deporte.

**4** Vas a escuchar a dos personas que contestan unas preguntas de un programa de radio. ¿Quién hace cada una de estas cosas?

|  | LA SEÑORA | EL SEÑOR |
|---|---|---|
| anda mucho: una hora diaria |  | ✓ |
| fuma y toma café |  |  |
| juega al tenis |  |  |
| no toma café |  |  |
| come mucha fruta |  |  |
| juega al golf |  |  |
| come mucha verdura |  |  |
| toma mucha fibra |  |  |

**5** ¿Recuerdas el nombre de todas estas partes del cuerpo? Puedes mirar los textos de la página 53.

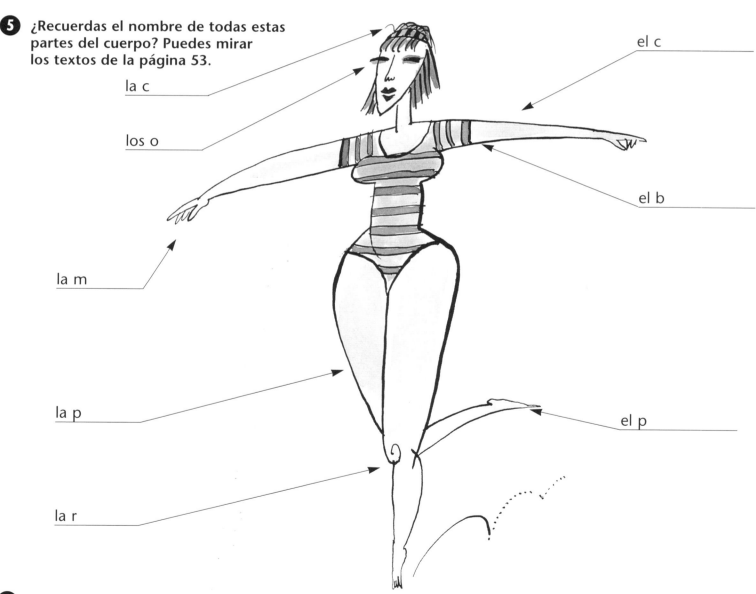

la c

los o

la m

la p

la r

el c

el b

el p

**6** Escucha ahora el programa de radio "Todos en forma" y señala en el dibujo de 5 qué partes del cuerpo se nombran.

**7** Vuelve a escuchar y señala a qué imagen corresponde cada uno de los tres ejercicios.

☐ ☐ ☐

**8** Observa a estas personas y decide después qué información corresponde a cada una.

1. Los jueves **se levanta** a las siete para ir al mercado.
   **Da** un paseo todos los días y **se acuesta** a las once.
   **Tiene** dos hijos y seis nietos.

2. Los fines de semana **va** a un club de jazz.
   De vez en cuando **escribe** cartas a su novia, que es alemana.
   No **hace** mucho deporte, pero a veces va al gimnasio.

3. Los martes **juega** al fútbol con sus amigos del colegio.
   **Duerme** siempre más de ocho horas.
   Por la tarde **estudia** en casa y **ve** la tele.

4. **Quieren** comprar un coche, pero ahora no tienen dinero.
   **Comen** siempre juntos en casa: él **cocina** muy bien.
   **Piensan** demasiado en el trabajo.

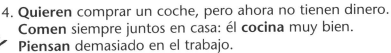

☐

☐ ☐ ☐

**9** Fíjate ahora en los verbos en negrita y escribe sus formas de Infinitivo.

**10** Imagina cinco cosas sobre la vida diaria de una de estas personas y escríbelas en un papel. Tus compañeros tienen que leerlas y adivinar quién es.

**11** Arturo te cuenta en esta carta lo que hace un día normal de sus vacaciones.

*Querido amigo:*

*¿Qué tal? ¿Cómo van las vacaciones?*
*Te escribo desde Marazuela, un pueblo muy pequeño de Castilla. Ya sabes, el pueblo de mis padres. Estoy aquí de vacaciones con la familia. Es un lugar muy bonito pero no muy animado. Ideal para descansar y luchar contra el estrés: todas las mañanas voy a hacer la compra con mi madre al mercado y después vamos todos a la piscina municipal. Comemos siempre en casa y después duermo unas siestas maravillosas. Y luego, doy un paseo por el pueblo, tomo una cervecita con algún viejo amigo, juego a las cartas con mis hermanos o voy al cine. Como ves, no hago nada especial. Bueno, no todo es tan aburrido: algunos días hacemos excursiones por el campo (los alrededores son preciosos). Y, a veces, nos bañamos en un río que está muy cerca. La verdad es que me aburro un poco. ¿Quieres venir tú unos días a Marazuela a aburrirte conmigo? Aburrirse es muy bueno contra el estrés.*

*Un montón de besos,*

Completa ahora este cuadro con los verbos de la carta. Añade las
formas que faltan.

| | | aburrirse | querer | poder | | hacer | | dar | | |
|---|---|---|---|---|---|---|---|---|---|---|
| yo | | | | | | | pongo | | tomo | |
| tú | | | | puedes | | | | | | |
| él, ella, usted | | | quiere | | juega | | | | | va |
| nosotros/as | | | | | | | | | | |
| vosotros/as | os bañáis | | | | | | | | | |
| ellos/as, ustedes | | | | | | hacen | | dan | | |

**12** ¿Puedes ahora ayudarnos a formular una regla para sistematizar el presente
de los verbos en español? Consulta el cuadro del ejercicio anterior.

En español hay tres grupos de verbos: los acabados en **-AR**, en **-ER** y en **-IR**. Muchos son regulares
(**hablar, comer, _____** ) pero también hay irregulares:

- verbos con vocal **e** que se transforma en _____ en las formas de **yo, tú, él/ella** y _____.
   Por ejemplo: **querer**, _____ ,...

- verbos con vocal **o** o **u** que se transforma en _____ en las formas de ___ , ___ ,_____ y _____.
   Por ejemplo: _____ , _____ ,...

-verbos con la forma **yo** irregular. Por ejemplo: **hacer**, _____ ,...

**13** Elige los verbos necesarios para completar estos diálogos. ¡Pero no se
puede repetir ninguno!

levantarse    empezar    acostarse    tener    hacer    ir    preferir    ducharse    bañarse    ver

1. ● ¿A qué hora _____ vosotros normalmente?
   ○ Yo a las ocho u ocho y media, pero María a las siete y media porque _____ clase
   en la Universidad a las nueve.

2. ● Mi hermano Carlos _____ a las diez o diez y media de la noche.
   ○ ¿Y por qué tan pronto?
   ● Pues porque _____ a trabajar a las seis de la mañana.

3. ● Y tú, Marta, ¿qué _____ normalmente en vacaciones?
   ○ Bueno, nada especial, mi marido y yo _____ al apartamento de mis padres en Benidorm.

4. ● ¿Qué _____ , ducharte o bañarte?
   ○ Bueno, pues normalmente _____ , pero a veces, especialmente
   los fines de semana, _____ .

5. ● ¿Y tus hijos _____ mucho la televisión?
   ○ ¡Uf! Muchísimo, dos o tres horas cada día.

**14** Vas a escuchar ocho frases. Marca a qué persona gramatical se refiere cada una.

| | 1 | 2 | 3 | 4 | 5 | 6 | 7 | 8 |
|---|---|---|---|---|---|---|---|---|
| yo | | | | | | | | |
| tú | | | | | | | | |
| él, ella, usted | | | | | | | | |
| nosotros/as | ✓ | | | | | | | |
| vosotros/as | | | | | | | | |
| ellos, ellas, ustedes | | | | | | | | |

**15** Busca en clase a personas que hacen estas cosas, y escribe el nombre a la derecha. ¡Atención! No puedes usar el mismo nombre más de dos veces.

(Viajar) en avión todos los meses: _____

No (comer) nunca carne: _____

(Jugar) al golf de vez en cuando: _____

(Hablar) tres idiomas o más: _____

(Bañarse) todos los fines de semana: _____

(Leer) todas las noches antes de dormir: _____

(Ir) muchas veces al cine cada semana: _____

(Ducharse) siempre antes de acostarse: _____

**16** ¿Para qué parte o partes del cuerpo es bueno?

montar en bicicleta     →     las piernas
nadar      los brazos
jugar al ajedrez      la espalda
dar un paseo      la cintura
bailar      el corazón
jugar al golf      la mente
jugar al tenis      la circulación
     todo el cuerpo

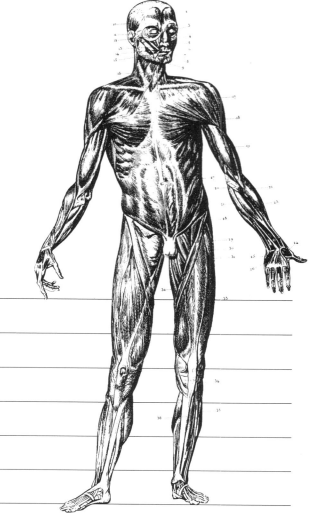

**17** Ahora escríbelo.

Montar en bicicleta es bueno para las piernas.

_____

_____

_____

_____

_____

_____

**18** Completa estas ideas con un elemento del cuadro y con tu propia opinión.

| hay que | es bueno | tienes que | es necesario | es importante |

1. Si quieres aprender español, ...

2. Si quieres comer bien, ...

3. Para tener buenos amigos...

4. Si quieres ganar mucho dinero, ...

5. Para conseguir un buen trabajo...

6. Para ser feliz...

7. Para no tener problemas con la pareja...

8. Para no gastar / ahorrar energía...

**19** Da un consejo práctico a cada una de estas personas. Puedes usar
**tener que** + Infinitivo o **poder** + Infinitivo.

• Últimamente creo que estoy muy gordo.

○ _____

• Tengo un estrés horrible, no duermo bien, fumo demasiado...

○ _____

• Necesito un ordenador, pero estoy mal de dinero para comprarlo.

○ _____

• Mi suegra es viuda y está siempre en mi casa. ¡No tengo vida privada!

○ _____

• Quiero aprender español, pero ahora no puedo ir a España.

○ _____

**20** Completa con: **muy, mucho, mucha, muchos** o **muchas.** ¿Cómo crees que son físicamente estas dos personas? Dibújalas o busca posibles fotografías de Paula y David en una revista.

**DAVID:**

Trabaja _____ horas al día.

No tiene _____ tiempo libre.

Conoce a _____ gente importante.

Viaja _____ al extranjero.

Bebe _____ cerveza.

Tiene una casa _____ grande.

No duerme _____.

**PAULA:**

Hace _____ deporte.

Es _____ simpática.

Tiene _____ amigos.

Está _____ delgada.

No come _____.

_____ fines de semana se va al campo.

Lee _____ libros de poesía.

**21** Escribe tú ahora cinco cosas sobre Gloria usando: **muy**, **mucho**, **mucha**, **muchos**, **muchas**. Fíjate en la imagen.

**22** Fíjate en las imágenes de las páginas 58 y 59 del *Libro del alumno*. Vas a investigar si las costumbres de tu compañero de clase se parecen a las de la mayoría de los españoles, pero mejor escribe primero las preguntas necesarias para obtener la información.

Hora de levantarse: ¿A qué hora te levantas?

Hora del desayuno: _____

Actividades por la mañana: _____

Hora de la comida: _____

Actividades por la tarde: _____

Hora de la cena: _____

Actividades por la noche: _____

Horas de sueño: _____

Hora de acostarse: _____

Tiempo libre: _____

Ahora haz la encuesta a un compañero y anota sus respuestas. Después vas a explicar a la clase si sus costumbres se parecen a las de los españoles o no. ¿Has descubierto algo interesante sobre tu compañero?

**23** En la unidad GENTE EN FORMA hay muchas palabras nuevas. Busca cinco palabras que te parece importante recordar y escribe también qué significan.

En grupos de tres, elegid las que os parecen más difíciles y decídselas al resto de la clase. Vuestros compañeros tienen medio minuto para decir una frase con esa palabra. Gana el grupo que, al final, ha podido hacer más frases correctas.

**24** Escucha estas palabras y fíjate en los sonidos que corresponden a las grafías **r** y **rr**. Notarás que la lengua vibra una o varias veces.

| carne | deporte | raqueta | beber | verdura | cintura | querer |
|-------|---------|---------|-------|---------|---------|--------|
| aburro | dormir | dinero | regular | horario | Roma | Rodríguez |

# Así puedes aprender mejor

**❶** En las páginas 56 y 57 del *Libro del alumno* has leído estos fragmentos. Aquí les hemos quitado algunas palabras. Si los lees como están ahora, comprobarás que entiendes perfectamente lo que quieren decir. Inténtalo.

Alimentación Sana

Equilibrio Anímico

Ejercicio Físico

## EL EQUILIBRIO ANÍMICO

(...) unos hábitos regulares xxxxxxxxx también una buena ayuda: acostarse y levantarse cada día a la xxxxxxxxx hora, y tener horarios xxxxxxxxx diarios para el xxxxxxxxx , la comida y la cena.

## LA ALIMENTACIÓN

(...) Para una dieta sana, es aconsejable xxxxxxxxx pescado dos veces por semana, como mínimo. La xxxxxxxxx de preparar los alimentos también ayuda a xxxxxxxxx la cantidad de grasas: es mejor comer pescado xxxxxxxxx que frito o con salsa. (...)

## EL EJERCICIO FÍSICO

(...) No es necesario hacer ejercicios físicos fuertes o xxxxxxxxx . El golf, por ejemplo, es un deporte ideal para xxxxxxxxx edad. Un xxxxxxxxx paseo diario de una hora es tan bueno como media hora de bicicleta. (...)

**¿Qué ha pasado?** Exactamente lo mismo que haces cuando lees en tu propia lengua. No lees absolutamente todas las palabras y todas las letras: avanzas a saltos, a medida que entiendes.

**¿Qué pasa cuando leemos en una lengua extranjera que estamos aprendiendo?** Nos sentimos inseguros y queremos leerlo todo. Has comprobado que puedes entender el mensaje sin ver todas las palabras.

# Así puedes aprender mejor

**2** Pero también queremos aprender nuevas palabras. Cuando leemos en una lengua que no dominamos, podemos deducir el significado de las palabras por el contexto. ¡Igual que en nuestra propia lengua! Inténtalo ahora con las palabras que te proponemos y otras que tú necesites.

### EL EQUILIBRIO ANÍMICO

(...) unos hábitos regulares **suponen** también una buena ayuda: acostarse y levantarse cada día a la **misma** hora, y tener horarios **regulares** diarios para el **desayuno**, la comida y la cena.

### LA ALIMENTACIÓN

(...) Para una dieta sana, es aconsejable **tomar** pescado dos veces por semana, como mínimo. La **forma** de preparar los alimentos también ayuda a **reducir** la cantidad de grasas: es mejor comer pescado **a la plancha** que frito o con salsa. (...)

### EL EJERCICIO FÍSICO

(...) No es necesario hacer ejercicios físicos fuertes o **violentos**. El golf, por ejemplo, es un deporte ideal para **cualquier** edad. Un **tranquilo** paseo diario de una hora es tan bueno como media hora de bicicleta. (...)

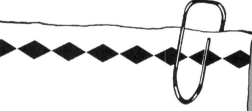

Cuando leemos, podemos descubrir el significado de muchas palabras y expresiones por el contexto en el que están: el tema del texto y las palabras que hay antes y después. Además, a veces su parecido con palabras de otras lenguas también nos puede ayudar.

cualquier:_____

a la plancha:_____

frito:_____

suponen:_____

_____:_____

_____:_____

Por último, pregunta a tu profesor o busca en el diccionario el significado de estas palabras. ¿Tus deducciones eran correctas?

# Autoevaluación

**En general:**

| | ☀ | ⛅ | ☁ | ☁ |
|---|---|---|---|---|
| Mi participación en clase | | | | |
| Mi trabajo en casa | | | | |
| Mis progresos en español | | | | |
| Mis dificultades | | | | |

**Y en particular:**

| | | | | | |
|---|---|---|---|---|---|
| Gramática | | | | | |
| Vocabulario | | | | | |
| Fonética y pronunciación | | | | | |
| Lectura | | | | | |
| Audición | | | | | |
| Escritura | | | | | |
| Cultura | | | | | |

## Diario personal

En las lecciones de GENTE EN FORMA lo que me parece más interesante es _____ _____; sin embargo, _____ no me parece tan interesante. Ahora creo que sé mucho mejor _____ aunque todavía tengo algunos problemas con _____. Con estas lecciones también he aprendido _____ y _____. En cuanto al tipo de ejercicios, en general prefiero _____ porque _____; los ejercicios del tipo _____ no me parecen muy útiles. La lección 20 habla de la vida diaria de los españoles; si la comparo con la mía veo que ellos _____, mientras que nosotros _____.

## EL PRESENTE DE INDICATIVO

*VERBOS REGULARES*

|  | BAIL**AR** | BE**BER** | ESCRIB**IR** |
|---|---|---|---|
| (yo) | bail**o** | beb**o** | escrib**o** |
| (tú) | bail**as** | beb**es** | escrib**es** |
| (él, ella, usted) | bail**a** | beb**e** | escrib**e** |
| (nosotros/as) | bail**amos** | beb**emos** | escrib**imos** |
| (vosotros/as) | bail**áis** | beb**éis** | escrib**ís** |
| (ellos, ellas, ustedes) | bail**an** | beb**en** | escrib**en** |

*VERBOS IRREGULARES*

•••◦ La irregularidad **E/IE** se da en verbos como **querer, despertarse**...

|  |  | DESPERTARSE |
|---|---|---|
| (yo) | me | desp**ie**rto |
| (tú) | te | desp**ie**rtas |
| (él, ella, usted) | se | desp**ie**rta |
| (nosotros/as) | nos | despertamos |
| (vosotros/as) | os | despertáis |
| (ellos, ellas, ustedes) | se | desp**ie**rtan |

•••◦ La irregularidad **E/I** se da en verbos como **decir, servir, seguir, pedir**...

|  | DECIR | SERVIR |
|---|---|---|
| (yo) | d**i**go | s**i**rvo |
| (tú) | d**i**ces | s**i**rves |
| (él, ella, usted) | d**i**ce | s**i**rve |
| (nosotros/as) | decimos | servimos |
| (vosotros/as) | decís | servís |
| (ellos, ellas, ustedes) | d**i**cen | s**i**rven |

•••◦ Las irregularidades **O/UE**: **poder, acostarse, volver**... y **U/UE**: **jugar**:

|  | PODER | ACOSTARSE |  | JUGAR |
|---|---|---|---|---|
| (yo) | p**ue**do | me | ac**ue**sto | j**ue**go |
| (tú) | p**ue**des | te | ac**ue**stas | j**ue**gas |
| (él, ella, usted) | p**ue**de | se | ac**ue**sta | j**ue**ga |
| (nosotros/as) | podemos | nos | acostamos | jugamos |
| (vosotros/as) | podéis | os | acostáis | jugáis |
| (ellos, ellas, ustedes) | p**ue**den | se | ac**ue**stan | j**ue**gan |

•••◦ Existen verbos que presentan una irregularidad en la 1ª persona del singular: **hacer, poner, decir, venir, tener**...

(yo)   ha**go**   di**go**   pon**go**   ven**go**   ten**go**

Observa que hay verbos que tienen varias irregularidades en el Presente: ven**go**, v**ie**nes.

•••○ Presentan irregularidades especiales los verbos **ir, dar, estar** y **saber**:

|  | IR | DAR | ESTAR | SABER |
|---|---|---|---|---|
| (yo) | **voy** | **doy** | **estoy** | **sé** |
| (tú) | vas | das | estás | sabes |
| (él, ella, usted) | va | da | está | sabe |
| (nosotros/as) | vamos | damos | estamos | sabemos |
| (vosotros/as) | vais | dais | estáis | sabéis |
| (ellos, ellas, ustedes) | van | dan | están | saben |

*VERBOS REFLEXIVOS*

|  | DUCHAR**SE** | | ABURRIR**SE** | |
|---|---|---|---|---|
| (yo) | **me** | ducho | **me** | aburro |
| (tú) | **te** | duchas | **te** | aburres |
| (él, ella, usted) | **se** | ducha | **se** | aburre |
| (nosotros/as) | **nos** | duchamos | **nos** | aburrimos |
| (vosotros/as) | **os** | ducháis | **os** | aburrís |
| (ellos, ellas, ustedes) | **se** | duchan | **se** | aburren |

•••○ Los pronombres van normalmente delante del verbo pero pueden ir delante o detrás en construcciones con Infinitivo y con Gerundio:

*INFINITIVO*

| | |
|---|---|
| tengo que acostar**me** | **me** tengo que acostar |
| tienes que acostar**te** | **te** tienes que acostar |
| tiene que acostar**se** | **se** tiene que acostar |
| tenemos que acostar**nos** | **nos** tenemos que acostar |
| tenéis que acostar**os** | **os** tenéis que acostar |
| tienen que acostar**se** | **se** tienen que acostar |

*GERUNDIO*

| | |
|---|---|
| estoy duchándo**me** | **me** estoy duchando. |

## LA FRECUENCIA

**(todos) los** { lunes, martes, miércoles, jueves, viernes, sábados, domingos, fines de semana }

**todos/as los/las** { años, meses, semanas, mañanas, tardes, noches } { muchas, a algunas, no muchas, pocas } **veces**

**siempre**     **casi siempre**     **de vez en cuando**

Estas expresiones pueden ir en varios lugares de la frase:

Vamos **siempre** a esquiar a Francia.
Vamos a esquiar **siempre** a Francia.
**Siempre** vamos a esquiar a Francia.

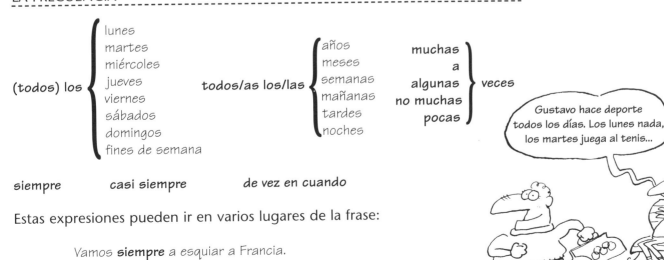

### TODOS Y CADA

- **Cada** va sólo con nombres en singular. Tiene una sola forma para los nombres masculinos y femeninos.

  **cada** mes        **cada** año        **cada** semana

- **Todos/as** va siempre delante de nombres en plural. Los nombres llevan siempre el artículo determinado.

  **todos los** días        **todas las** semanas        **todos los** meses

  (Existe la forma en singular **todo el día, toda la semana**, pero entonces significa "el día completo", "la semana completa".)

- Muchas veces son equivalentes las formas **cada** y **todos los/todas las**. Pero otras veces, no. En español ponemos **cada** cuando queremos resaltar la individualidad y **todos** cuando interesa más la generalidad.

  - ¿Vais **todos** los veranos al mismo sitio?
  - No, **cada** verano vamos a un lugar diferente.

### NUNCA

nunca + VERBO              **Nunca** tomo café.
no + VERBO + nunca        **No** tomo café **nunca**.

Funcionan como **nunca** otras palabras con sentido negativo:

    nadie    nada    ningún    ninguno    ninguna    tampoco

### MUY, MUCHO, DEMASIADO...

- Son formas invariables cuando se refieren a verbos y a adjetivos:

| REFERIDAS A VERBOS | REFERIDAS A ADJETIVOS |
|---|---|
| Ana trabaja **demasiado**. Estos niños duermen **mucho**. Coméis muy **poco**. Emilio no estudia **nada**. | Ana está **demasiado** cansada. Estoy **muy** cansado. Yo soy **poco** ágil. **No** es **nada** fuerte. |

¡Atención! **Un poco** sólo se usa con adjetivos de significado negativo:

    Es **un poco** lento.        Es un poco sano.

•••◉ Las formas referidas a nombres, en cambio, son variables y concuerdan con éstos en género y número:

> Ana trabaja **demasiados** días / **demasiadas** horas.
> Estos niños duermen **mucho** tiempo / **muchas** horas.
> Coméis **poco** pescado / **pocas** naranjas.
> Emilio **no** estudia **ningún** día en casa / **ninguna** tarde en casa.

## GÉNERO Y NÚMERO DE LOS NOMBRES

•••◉ Para formar el plural de los nombres, los acabados en vocal añaden -**s**; los acabados en consonante añaden -**es**.

> día ⟶ días            enfermedad ⟶ enfermedad**es**
> verdura ⟶ verdura**s**    excursión ⟶ excursion**es**

Atención a los cambios gráficos:

> acci**ón** ⟶ **c**iones
> vez ⟶ ve**ces**

•••◉ Los nombres terminados en **a** son generalmente femeninos y los terminados en **o**, masculinos. Hay, sin embargo, muchas excepciones:

> la mano    la foto    la moto    el día

En general son femeninos los nombres que tienen estas terminaciones: -**ción**/-**sión**, -**dad**, -**eza**, -**ura**.

Son masculinos la mayor parte de los nombres terminados en -**ma**.

> el tema    el problema    el trauma    el síntoma    el drama

## RECOMENDACIONES Y CONSEJOS

•••◉ Para dar recomendaciones y consejos personales, a alguien concreto, usamos la estructura **tener que** + *INFINITIVO*:

> ● Estoy muy cansado.
> ○ Sí, creo que **tienes que** dormir más y trabajar menos.

•••◉ Para hacer recomendaciones impersonales, generales, usamos la estructura **hay que** + *INFINITIVO* o la forma **es necesario** / **bueno** / **importante** + *INFINITIVO*:

> Para estar en forma **hay que** hacer ejercicio.
> Para adelgazar **es importante** tener una dieta equilibrada.
> Para tener una alimentación sana **es necesario** comer mucha fruta.

Me aburro mucho en esta ciudad.

Tienes que salir más, ir al cine, a cenar fuera...

# 21 22 23 24

## gente que trabaja

**AUTO GENTE**

17 GÓMEZ Y CARRILLO
BUFETE DE ABOGADOS

18 CLÍNICA DENTAL
DRA. CASTAÑERA

19 JULIA SUÁREZ HELGUERA
ESTUDIO DE ARQUITECTURA

20 WAY IN
ESCUELA DE IDIOMAS

21 INTERLENGUAS
SERVICIO DE TRADUCCIONES

## Aquí encontrarás:

### EJERCICIOS

**1 EE** Vocabulario: forma de ser y profesiones

**2 EE** Describir tu puesto de trabajo

**3 EE** Preferencias sobre profesiones

**4 CA** Descripción de la vida diaria y el trabajo

**5 EE** Aspectos positivos y negativos de un trabajo

**6 CL/EE** Anuncios de trabajo y currículum

**7 CL/EE** Currículum y trabajos más adecuados

**8 CL/EE** Preguntas en una entrevista de trabajo

**9 EE** Participios

**10 CL/EE** ¿Qué has hecho hoy? Pretérito Perfecto

**11 CL** ¿Qué han hecho los famosos? Pretérito Perfecto

**12 EO** Comparar resultados: Pretérito Perfecto

**13 CA** Presente/Pretérito Perfecto

**14 EE** ¿Qué han hecho hoy? (**vosotros/ustedes**)

**15 EE/EO** Hablar y preguntar sobre habilidades

**16 EE** Tus habilidades con las lenguas

**17 EE** Habilidades y carácter (**hacer, saber, ser...**)

**18-19 EE/EO** Saber + Infinitivo (**yo** y **tú**)

**20 EE** Cosas que han hecho los famosos: Pretérito Perfecto

**21 CA** Responder sobre tus propias habilidades

**22 CA** Experiencia laboral: tres entrevistas de trabajo

**23 CA** La sílaba tónica

**24 EE** Hipótesis sobre alguien

**25 EE** Asociar y organizar las ideas

### AGENDA

### CONSULTORIO LINGÜÍSTICO

**1** ¿En qué profesiones son importantes estas cualidades? Puedes consultar el diccionario.

| ser amable | saber escuchar | tener paciencia | ser una persona comunicativa | ser tranquilo | ser una persona organizada |
|---|---|---|---|---|---|
| vendedor | | | | | |
| | | | | | |
| | | | | | |

**2** ¿Estás trabajando? Describe tu puesto de trabajo. A lo mejor necesitas consultar el diccionario.

Soy _____ (y / pero) trabajo
en _____, que está en _____.
Es (una profesión / un trabajo) muy _____ porque
_____. Tiene cosas buenas: _____
_____ y _____. Pero
también aspectos negativos: _____
_____.
Mis compañeros de trabajo son _____
Mi jefe es _____
El ambiente, en general, es _____ porque _____.

**3** Escribe dos listas: las profesiones que más te gustan y las que menos te gustan. Luego escribe por qué.

Las que más me gustan

PROFESIÓN          RAZONES

_____     _____
_____     _____
_____     _____

Las que menos me gustan

PROFESIÓN          RAZONES

_____     _____
_____     _____
_____     _____

**4** Escucha estas entrevistas hechas a cinco mujeres que hablan de su vida y de su trabajo. Fíjate en las ilustraciones y anota en qué orden hablan.

Beatriz

Ana

Lucía

Juana

Pepa

**5** Piensa en tres personas de tu entorno (familiares, amigos, conocidos, vecinos...) que consideras buenos profesionales. Trata de describir y valorar su vida laboral, sus aspectos positivos y negativos, como en el ejemplo.

Mi amigo Peter es músico. Toca la batería. Es un buen batería, pero ser músico no es fácil: es una profesión muy creativa pero a veces no hay trabajo y ganan poco dinero. Hay que luchar mucho.

**6** ¿Puedes solicitar tú alguno de estos puestos de trabajo? Mira los anuncios y señala qué requisitos cumples. Luego prepara un borrador de tu currículum vitae. Utiliza frases como las del ejemplo.

Tengo experiencia comercial. He trabajado dos años en Toyota. Tengo conocimientos de inglés. He estudiado un año en el British Council de Tokio.

---

### MULTINACIONAL FARMACEUTICA

**Líder en investigación, necesita cubrir puestos de:**

# Visitador Médico

en las siguientes provincias: BARCELONA (Ref. B), MADRID (Ref. M), MALAGA (Ref. MA), SEVILLA (Ref. S), y VALENCIA (Ref. V).

**Se requiere:**
- Ser licenciado en Biología, Química, Farmacia o afines.
- Sin experiencia.
- Estar libre del servicio militar.
- Tener carnet de conducir.

**Se ofrece:**
- Integrarse en un excelente equipo de profesionales.
- Trabajo en un área de visita médica.
- Amplia posibilidad de desarrollo profesional en la empresa.
- Interesantes condiciones salariales en función de la experiencia y el perfil del candidato.
- Coche de empresa.
- Importantes beneficios sociales.

...das deberán enviar Curriculum Vitae con Apdo. Correos 13217 - 28080 Madrid, a referencia correspondiente.

---

### NUEVA INSTALACIÓN HOTELERA

Précisa para Valencia

# DIRECTOR DE HOTEL

**Se requiere:**
- Edad de 35 a 45 años.
- Experiencia mínima de 5 años en gestión.
- Experiencia en dirección de equipos.
- Conocimientos de inglés y francés.

**Se valorará:**
- Experiencia comercial.
- Experiencia de puesta en marcha de proyectos empresariales.
- Capacidad de comunicación y relaciones humanas.

**Se ofrece:**
- Contrato fijo.
- Remuneración a convenir.
- Incorporación en el mes de septiembre.

Interesados enviar Curriculum Vitae y fotografía reciente a Eme O Comunicación, c/ Moratin, 11, 46002 Valencia. Ref. 333. Se garantiza confidencialidad absoluta.

---

### ENTIDAD FINANCIERA DE PRIMER ORDEN

**precisa**

# PROMOTORES COMERCIALES

PARA TODA ESPAÑA
PARA CAMPAÑA COMERCIAL A PARTIR DE SEPTIEMBRE

**Se requiere:**
- Edad hasta 28 años.
- Facilidad de trato y capacidad de relación.
- Buena presencia/dinamismo.
- Dotes comerciales.
- Preferentemente universitarios.
- Experiencia comercial (preferible en sector financiero).

**Se ofrece:**
- Contrato con alta en Seguridad Social.
- Formación a cargo de la empresa.
- Retribución fija + incentivos.

Interesados, llamar al teléfono (91) 383 33 80 y enviar currículum por fax (91) 383 24 00 / 91 50 o por correo, calle de Arturo Soria, 343, 4ª planta, 28033 Madrid.

**7** Elvira, Gerardo y Gracia son tres jóvenes parados que no encuentran trabajo en su profesión. ¿Qué puestos del ejercicio anterior les recomiendas?

### ELVIRA RUIZ DAZA

Tiene 28 años.
Es Licenciada en Ciencias Políticas.
Le encanta viajar.
Es muy comunicativa.
Habla inglés, alemán y francés.
Ha trabajado en una agencia de viajes.
No tiene carnet de conducir.

### GERARDO PALENCIA VERA

Tiene 26 años.
Ha sido vendedor de coches y representante de una fábrica de plásticos.
Ha hecho el servicio militar.
Tiene carnet de conducir.
Es veterinario.

### GRACIA VERA GABILONDO

Tiene 36 años.
Es licenciada en Económicas.
Ha vivido dos años en Irlanda y habla muy bien inglés.
Sabe conducir.
Ha trabajado seis años como directiva en una empresa de productos químicos.
Le interesa mucho el trabajo en equipo.

Elvira puede solicitar el puesto de _____ porque _____.

Gerardo puede solicitar el puesto de _____ porque _____.

Gracia puede solicitar el puesto de _____ porque _____.

**8** Debes hacer una entrevista para seleccionar a una persona que tiene que trabajar contigo. Elige las 5 preguntas que te parecen más importantes. Puedes proponer otras.

¿Le gusta el trabajo en equipo?
¿Tiene usted experiencia en ventas?
¿Es usted puntual?
¿Tiene sentido del humor?
¿Habla idiomas?
¿Es usted una persona comunicativa?
¿Sabe usted decir mentiras?
¿Sabe hablar en público?
¿Es usted ordenado?
¿Sabe manejar un ordenador?
¿Tiene carnet de conducir?
¿Le gusta viajar?
¿Tiene paciencia?

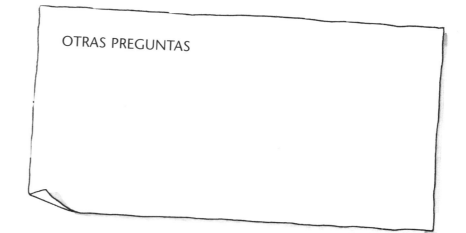

OTRAS PREGUNTAS

**9** ¿Recuerdas cómo se forman los Participios? Éstos son los Infinitivos de algunos verbos que ya han aparecido en el curso.

| | PARTICIPIO | | PARTICIPIO | | PARTICIPIO |
|---|---|---|---|---|---|
| jugar → | jugado | buscar → | | escribir → | |
| beber → | | pagar → | | escuchar → | |
| ir → | | visitar → | | desayunar → | |
| dormir → | | alquilar → | | leer → | |
| tener → | | pronunciar → | | estar → | |

**10** Seguro que hoy has hecho algunas de estas cosas antes de venir a clase. Señálalo y completa los datos.

He ido de compras. He comprado _____

He visto a un/a amigo/a en _____.

He hablado por teléfono _____ veces con _____.

He navegado por Internet _____ minutos.

He escrito una carta a _____.

He perdido un/a _____.

He comido _____.

Me he enfadado con _____.

Me he puesto nervioso/a _____.

He trabajado _____ veces.
_____ horas.

He leído una noticia interesante en el periódico: _____.

He conducido _____ kilómetros.

He venido a la escuela en _____.

He encontrado en la calle a _____.

He visto en la tele _____.

He escuchado música: _____.

He visitado a _____.

He nadado en la piscina _____ minutos.

He ido al médico _____.

He hablado español con _____.

He pagado una factura de _____.

He ido a la peluquería y me he _____ el pelo.

Me he comprado ropa: un/a _____.

He ido al gimnasio y he _____.

**11** Completa la lista con nombres de famosos. ¿Cuántos puedes encontrar?
Calcula cuántos minutos tardas en hacerlo y anótalo.

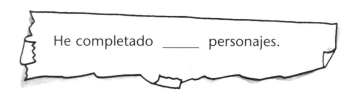

He completado _____ personajes.

| DATOS | NOMBRE |
|---|---|
| Ha ganado un Óscar. | |
| Ha ganado Wimbledon. | |
| Ha sido presidente de EE.UU. | |
| Ha luchado contra el racismo. | |
| Ha trabajado con Humphrey Bogart. | |
| Ha escrito novelas en español. | |
| Ha estado en la cárcel. | |
| Ha vivido en Cuba. | |
| Ha tocado muchas veces con John Lennon. | |
| Ha hecho una película con Marilyn Monroe. | |
| Ha trabajado con Spielberg. | |
| Ha jugado en el Barça, el equipo de fútbol de Barcelona. | |
| Ha escrito una novela en francés. | |
| Ha participado en unas olimpiadas. | |

**12** En clase podéis comparar vuestros resultados del ejercicio anterior,
cuánto habéis tardado y cuántos personajes tenéis.

● Yo he escrito siete nombres y he tardado cinco minutos.
○ Yo ocho minutos, pero los he escrito todos.

**13** Escucha de nuevo el diálogo de Maribel
y sus amigos (Lección 21, *Libro del
alumno*). Oirás los verbos de esta lista,
unas veces en Presente y otras en
Pretérito Perfecto. Marca con una X
cada vez que los oigas.

| | PRESENTE | PRETÉRITO PERFECTO | | PRESENTE | PRETÉRITO PERFECTO |
|---|---|---|---|---|---|
| vivir | | | hacer | | |
| estar | | | entrar | | |
| vivir | | | querer | | |
| vivir | | | estar | | |
| hacer | | | estar | | |
| trabajar | | | estar | | |
| ser | | | saber | | |
| ser | | | saber | | |
| trabajar | | | ejercer | | |

**14** Escribe una lista con las cosas más interesantes de tu ciudad y de tu región para un turista.

Ahora imagina que tienes en tu casa a unos amigos españoles. Hoy han visitado tu ciudad y los alrededores. Cuando regresan a casa, te interesas por lo que han hecho. ¿Qué preguntas les haces?

> ¿Habéis entrado en el Palacio Real?
> ¿Os ha gustado?

Puedes usar...

> visitar...
>
> estar en...
>
> ir a...
>
> subir a...
>
> entrar en...

Y ahora piensa que tus amigos no son de España, sino chilenos. Las preguntas deben ser formuladas en la forma **ustedes.**

> ¿Qué han hecho hoy?
> ¿Han visitado el museo de...?
> ¿Les ha gustado?

**15** Después de hacer el ejercicio 4 de la lección 22 (*Libro del alumno*), sabes muchas cosas de tus compañeros. Haz una lista de las habilidades que recuerdas.

> Hanna hace teatro.

En clase podéis comprobar datos que no recordáis bien. Cada uno formula las preguntas necesarias. Pero para prepararte, escríbelas primero.

> Alguien sabe japonés, ¿no?
> ¿Quién toca el violín?

# gente que trabaja

**16** ¿Qué idiomas hablas, además de tu lengua y el español? ¿Qué nivel tienes?

EL ESPAÑOL
Lo hablo y lo leo un poco.
Lo entiendo bastante.
Lo escribo sólo un poco.

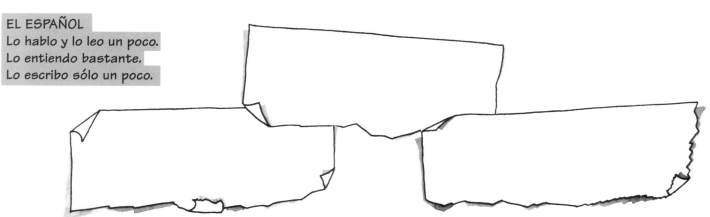

**17** ¿Qué palabras usamos con cada uno de estos verbos? Algunas pueden acompañar a más de uno.

| ESTAR DISPUESTO A | SABER | TENER | TOCAR | HACER | ESCRIBIR | SER |
|---|---|---|---|---|---|---|
| _____ | _____ | _____ | _____ | _____ | _____ | _____ |
| _____ | _____ | _____ | _____ | _____ | _____ | _____ |
| _____ | _____ | _____ | _____ | _____ | _____ | _____ |

escuchar      idiomas      experiencia      buena presencia      un instrumento      paciencia

poesía      buen carácter      dinámico/a      deporte      trabajar en equipo      el piano      sociable

tímido/a      informática      teatro      voluntad de progresar      viajar      novelas      gimnasia

**18** ¿Sabes hacer estas cosas? Primero señálalo en el cuadro y, luego, escribe cinco frases.

No sé dibujar.
Dibujo bastante bien.

_____

_____

_____

_____

_____

|  | muy bien | bien | regular | no sé |
|---|---|---|---|---|
| cocinar |  |  |  |  |
| bailar |  |  |  |  |
| patinar |  |  |  |  |
| jugar al tenis |  |  |  |  |
| nadar |  |  |  |  |
| esquiar |  |  |  |  |
| hacer tartas |  |  |  |  |
| cantar |  |  |  |  |
| escuchar a los demás |  |  |  |  |
| hablar en público |  |  |  |  |
| mentir |  |  |  |  |
| disimular |  |  |  |  |
| dibujar |  |  |  |  |
| escribir |  |  |  |  |
| contar chistes |  |  |  |  |

**19** Pregunta ahora a un compañero sobre su lista del ejercicio anterior y compara tus habilidades y las suyas.

> ● ¿Tú sabes dibujar?
> ○ No, no dibujo nada bien. ¿Y tú?
> ● A mí me gusta mucho dibujar. Dibujo bastante bien, creo.

**20** Mira esta lista de famosos. Formula ocho frases sobre lo que saben hacer o han hecho algunos de estos personajes. También puedes añadir nombres a la lista.

Mick Jagger     JACQUES CHIRAC     Joaquín Cortés

Dustin Hoffman     JUAN CARLOS I

Diego A. Maradona     Julio Iglesias

CAROLINA DE MÓNACO     Michael Jackson

Ana Belén     BENAZIR BHUTTO

BILL CLINTON     Severiano Ballesteros

 Madonna     Meryl Streep

BORIS BECKER     GIORGIO ARMANI

Otros famosos

**21** Escucha los siguientes preguntas y trata de contestarlas.

> ● ¿Hablas italiano?
> ○ Sí, un poco.

**22** Vas a escuchar tres entrevistas hechas a unos españoles que buscan trabajo: Pepe, Clara y Amalia. Marca una X en el lugar correspondiente.

|  | PEPE | AMALIA | CLARA |
|---|---|---|---|
| Ha estudiado en la Universidad. |  |  |  |
| Ha trabajado tres años en una empresa danesa. |  |  |  |
| Ha hecho el servicio militar. |  |  |  |
| Ha trabajado de camarero/a. |  |  |  |
| Ha estudiado Ciencias Exactas. |  |  |  |
| Ha trabajado en el extranjero. |  |  |  |
| Ha dado clases en una universidad privada. |  |  |  |
| Habla tres idiomas extranjeros. |  |  |  |
| Ha trabajado y estudiado al mismo tiempo. |  |  |  |
| Ha hecho la tesis doctoral. |  |  |  |
| Habla inglés. |  |  |  |
| Ha vivido en Francia y en Alemania. |  |  |  |

**23** En español todas las palabras tienen una sílaba fuerte. Escucha estas palabras. ¿Cuáles son las sílabas fuertes? Enciérralas en un círculo.

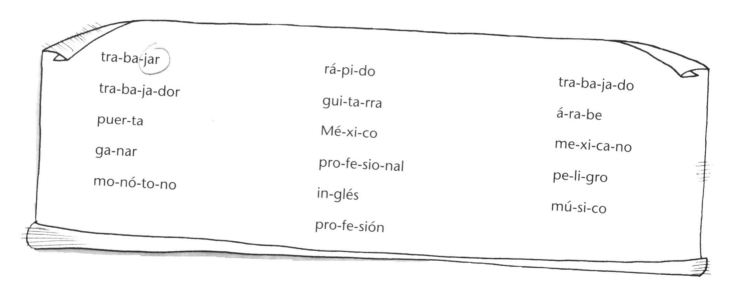

tra-ba-jar

tra-ba-ja-dor

puer-ta

ga-nar

mo-nó-to-no

rá-pi-do

gui-ta-rra

Mé-xi-co

pro-fe-sio-nal

in-glés

pro-fe-sión

tra-ba-ja-do

á-ra-be

me-xi-ca-no

pe-li-gro

mú-si-co

Hay tres tipos de palabras. El tipo depende de cuál es la sílaba fuerte: la última, la penúltima o la antepenúltima sílaba. Coloca las palabras anteriores en uno de estos tres grupos.

| ■ | □ | □ |
|---|---|---|
| Mé | xi | co |
| Mo nó | to | no |

| □ | ■ | □ |
|---|---|---|
| gui | ta | rra |
|  | puer ta |  |

| □ | □ | ■ |
|---|---|---|
| tra | ba | jar |
|  | in | glés |

_____  _____  _____

_____  _____  _____

_____  _____  _____

**24** Mira este anuncio. Seguro que puedes decir cosas de la propietaria del bolso: de su trabajo, de su vida familiar, de sus gustos, de sus habilidades, etc. Formula todas las frases que puedas.

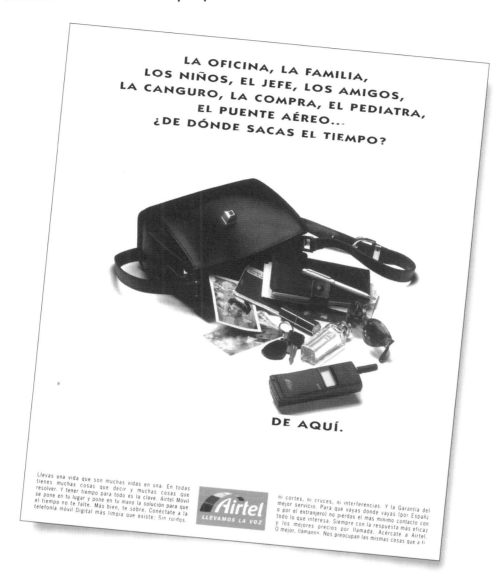

**25** Si lees las páginas **68** y **69** del *Libro del alumno,* encontrarás estas palabras y expresiones, que son muy frecuentes. Agrúpalas según tu criterio y haz frases, como en el ejemplo, para expresar tu opinión.

> Actualmente hay muchos parados, pero los extranjeros y los emigrantes también tienen derecho a tener un puesto de trabajo.

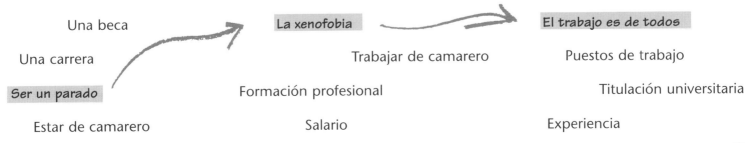

Una beca

Una carrera

Ser un parado

Estar de camarero

La xenofobia

Trabajar de camarero

Formación profesional

Salario

El trabajo es de todos

Puestos de trabajo

Titulación universitaria

Experiencia

# Así puedes aprender mejor

Sin leer estos textos, ¿sabes...

- cuál habla de trabajo, cuál de viajes y cuál de compras?
- en cuál puedes encontrar las siguientes palabras?

empresa
verano
Caribe
resistente
Recursos Humanos
isla
medidas

**Veraneando a ritmo de merengue**

SENEGAL 8 día 79.900
CARTAGENA DE INDIAS 9 día 72.000
CUBA 9 día 70.550

Este verano tus caderas te dirán basta. Se van a volver locas de alegría en cuanto les digas que no pararás de bailar en el Caribe. Cancún, Varadero, Isla Margarita, La Habana. No dejes escapar la oportunidad de pasar unas locas vacaciones a ritmo de merengue en el cálido Caribe. ¡Qué locura!

| DESTINO | HOTEL | RÉGIMEN | DÍAS | desde JULIO | AGOSTO | SEPTIEMBRE |
|---|---|---|---|---|---|---|
| PUERTO PLATA | H. Fiesta Club (Tur Sup.) | HD | 9 | 104.800 | 115.500 | 94.200 |
| PUNTA CANA | H. Bavaro Beach (Tur.) | MP | 9 | 147.800 | 152.600 | 155.100 |
| CANCÚN | H. Tropical Maya (Tur.) | HA | 9 | 108.000 | 125.000 | 116.000 |
| LA HABANA | H. Villa Panamericana (Tur. Sup.) | HA | 11 | 112.200 | 129.100 | 105.100 |
| VARADERO | H. Mar del Sur (Tur. Sup.) | HA | 9 | 106.400 | 109.400 | 98.700 |
| CARTAGENA DE INDIAS | H. Cartagena Plaza (Tur Sup.) | HA | 9 | 114.000 | 129.000 | 109.000 |
| ISLA MARGARITA | H. Margarita Intern. (Tur 4 est.) | HA | 9 | 92.500 | 109.400 | 103.100 |
| ARUBA | H. Holiday Inn **** | HA | 9 | 113.500 | 123.500 | 118.500 |
| NUEVA YORK | H. Pennsylvania (Tur. Sup.) | HA | 9 | 147.700 | 150.100 | 136.100 |
| MALDIVAS | H. Kurędu (Tur.) | MP | 9 | 160.100 | 196.300 | 157.500 |
| SAFARI EN KENIA | H. (Tur. Sup.) | MP/PC | 9 | 152.900 | 214.000 | 166.300 |

Precios válidos para salidas desde Madrid. Solicita información de suplementos/descuentos para salidas desde otros aeropuertos. Nuestros precios incluyen: avión de ida/vuelta, traslados, aeropuerto/hotel/aeropuerto, acomodación en hoteles y régimen indicado y seguro de viaje. Tasas de aeropuerto y visado no incluidos.

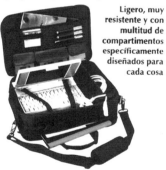

Entender un texto no significa entender cada una de sus palabras. Entender un texto es obtener la información que contiene y que nos interesa. Para ello nos ayuda el conocimiento del vocabulario y de la gramática. Pero también, y sobre todo, nos ayuda el conocimiento que tenemos sobre la realidad y sobre las formas habituales de los textos.

# Autoevaluación

**En general:**

| | ☀ | ⛅ | 🌤 | ☁ |
|---|---|---|---|---|
| Mi participación en clase | | | | |
| Mi trabajo en casa | | | | |
| Mis progresos en español | | | | |
| Mis dificultades | | | | |

**Y en particular:**

| | | | | | |
|---|---|---|---|---|---|
| Gramática | | | | | |
| Vocabulario | | | | | |
| Fonética y pronunciación | | | | | |
| Lectura | | | | | |
| Audición | | | | | |
| Escritura | | | | | |
| Cultura | | | | | |

## Diario personal

En las lecciones 21, 22, 23, 24 he aprendido (muchas / bastantes / pocas) cosas nuevas. Ha sido interesante la actividad _____, y lo que menos me ha gustado ha sido _____. He tenido problemas con _____. Creo que ahora puedo hablar del mundo del trabajo (muy bien / bien / regular / con muchos problemas), puedo describir mi profesión o la de otros (muy bien / bien / regular / con muchos problemas). También puedo _____ y _____. Hay cosas difíciles, como por ejemplo, _____ porque en mi lengua (es / son) (muy / bastante) diferente/s. No entiendo del todo bien _____. Tengo que preguntárselo al profesor o pensar sobre el tema.

## EL PRETÉRITO PERFECTO

| | PRESENTE DE **HABER** | PARTICIPIO |
|---|---|---|
| (yo) | he | |
| (tú) | has | |
| (él, ella, usted) | ha | est**ado** |
| (nosotros/as) | hemos | viv**ido** |
| (vosotros/as) | habéis | |
| (ellos, ellas, ustedes) | han | |

¿Hoy no has ido a trabajar?

No, me he dormido.

En español hay varios tiempos para hablar del pasado y uno de ellos es el Pretérito Perfecto. Se utiliza:

- ••••○ para hablar de sucesos que queremos relacionar con el presente. Por eso se usa frecuentemente con expresiones como: **hoy, esta mañana, esta semana, estos días, estas vacaciones**, etc.

- ••••○ cuando lo que interesa es si una acción se ha realizado o no. No interesa tanto el momento en que se ha realizado. Por eso se usa frecuentemente con expresiones como: **alguna vez, varias veces, nunca**, etc.

¿Has visto "Casablanca"?

Sí, la he visto varias veces.

## EL PARTICIPIO

| VERBOS EN -AR | **-ado** | VERBOS EN -ER/-IR | **-ido** |
|---|---|---|---|
| HABLAR | habl**ado** | TENER | ten**ido** |
| TRABAJAR | trabaj**ado** | SER | s**ido** |
| ESTUDIAR | estudi**ado** | VIVIR | viv**ido** |
| ESTAR | est**ado** | IR | **ido** |

- ••••○ Algunos de los participios irregulares más frecuentes son:

| VER | ➡ **visto** | HACER | ➡ **hecho** | PONER | ➡ **puesto** |
|---|---|---|---|---|---|
| ESCRIBIR | ➡ **escrito** | DECIR | ➡ **dicho** | VOLVER | ➡ **vuelto** |

- ••••○ Usamos el Participio en el Pretérito Perfecto y con el verbo **estar**:

en el Pretérito Perfecto                                                          *INVARIABLE*

Ha escrit**o** una carta a Juan.
Ha escrit**o** un libro.
Ha escrit**o** unas canciones.
Ha escrit**o** unos artículos.

con **ESTAR**                                                          *CONCUERDA EN GÉNERO Y NÚMERO*

La carta está bien escrit**a**.
El libro está bien escrit**o**.
Las canciones están bien escrit**as**.
Los artículos están bien escrit**os**.

## ALGUNA VEZ, MUCHAS VECES, NUNCA

● ¿Has estado **alguna vez** en México?

○ Sí, { **una vez.**
{ **dos/tres/.../varias/muchas veces.**

No, (**no** he estado) **nunca.**

También se puede decir:

**Nunca** he estado en México.

## EL INFINITIVO

El Infinitivo puede tener en las frases las mismas funciones que un nombre: sujeto, OD, etc.

**Aprender** un idioma es difícil.
Me gustaría **trabajar** en una escuela.
Quiero **trabajar** en un banco.

## HABILIDADES

•••○ Para preguntar por las habilidades de alguien usamos el Presente del verbo **saber** + *INFINITIVO* o preguntamos directamente con el verbo:

¿Sabes francés?

¿Y sabes escribir en francés?

Sí.

| | SABER |
|---|---|
| (yo) | **sé** |
| (tú) | sab**es** |
| (él, ella, usted) | sab**e** |
| (nosotros/as) | sab**emos** |
| (vosotros/as) | sab**éis** |
| (ellos, ellas, ustedes) | sab**en** |

¿**Sabes** jugar al golf?

¿**Juegas** al golf?

•••○ Para valorar de las habilidades de alguien:

Marta no canta nada bien.

Ana toca la guitarra **muy bien.**
Luis juega al tenis **bastante bien.**
Yo juego al ajedrez **regular.**
Felipe **no** habla inglés **demasiado bien.**
Marta **no** canta **nada bien.**

Puedo { ~~nadar.~~
{ ~~tocar la guitarra.~~
{ conducir.

Yo **no sé** { conducir.
{ nadar.
{ cocinar.

~~Juego la guitarra.~~

## IDIOMAS

•••◐ En español, los nombres de los idiomas coinciden con el gentilicio del país, en su forma de masculino singular.

| | |
|---|---|
| el griego | el turco |
| el francés | el italiano |
| el árabe | el alemán |
| el inglés | el holandés |

> ¿Hablan ustedes italiano?
> Yo, un poco.
> Yo lo hablo bastante bien.
> Yo lo entiendo pero no lo hablo.

•••◐ Con **hablar, saber,** etc. se pueden usar con o sin artículos.

> Sabe ruso. / Habla ruso.
> Sabe **el** ruso. / Habla **el** ruso.

Pero:

> **El** ruso es un idioma muy difícil para los españoles.
> **El** francés tiene muchas vocales.

## EXPRESAR Y CONTRASTAR OPINIONES

| EXPRESAR UNA OPINIÓN | |
|---|---|
| • Maribel trabaja bien. **Yo creo que** Maribel trabaja bien. | • Maribel **no** trabaja bien. **Yo creo que** Maribel **no** trabaja bien. |
| *DESACUERDO* ○ **Yo creo que no.** (+ OPINIÓN) | *DESACUERDO* ○ **Yo creo que sí.** (+ OPINIÓN) |
| *ACUERDO* ○ **Sí, es verdad.** | |
| *AÑADIR INFORMACIONES, OPINIONES O ARGUMENTOS* ○ **Sí/No, y además** es una persona muy especial. | |
| *CONTRADECIR EN PARTE* ○ **Sí/No, pero** es una persona muy especial. | |

Para referirnos a lo dicho por otras personas se utiliza **eso**.

> **Eso** que ha dicho Javier no es verdad.
> No estoy de acuerdo con **eso**.
> **Eso** es muy interesante.

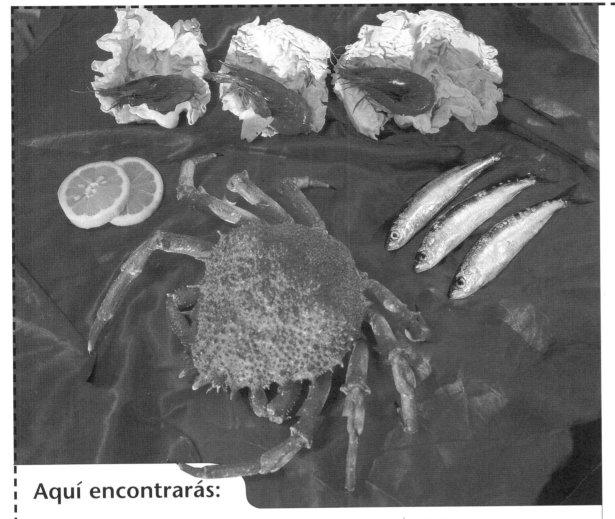

*gente* que **come bien**

## Aquí encontrarás:

## gente que come bien

**1** Mira las páginas 70 y 71 del *Libro del alumno*. Escribe los nombres de los productos en el lugar que corresponda, según tus gustos.

Me gusta muchísimo...    Me gustan muchísimo...    Me gusta bastante...    Me gustan bastante...
la uva                   _____    _____    _____

No me gusta mucho...    No me gustan mucho...    No me gusta nada...    No me gustan nada...
_____    _____    _____    _____

Nunca he probado...
_____

**2** ¿Cuántos nombres de alimentos y platos típicos españoles conocéis? En grupos, escribid una lista. ¿Qué grupo hace la lista más larga?

**3** Completa estas dos listas de la compra.

| paquetes | docena | cartón | litros | barra | kilos | gramos | latas | paquete | botella |
|---|---|---|---|---|---|---|---|---|---|

2 _____ de leche
1 _____ de azúcar
3 _____ de cerveza
1 _____ de huevos
2 _____ de manzanas

1 _____ de leche
1 _____ de vino tinto
250 _____ de queso
3 _____ de macarrones
1 _____ de pan

**4** Fíjate en esta tarta y en esta ensalada. ¿Qué crees que se necesita para hacerlas? Escribe los ingredientes y las cantidades.

1/2 kilo de fresas
_____
_____
_____

_____
_____
_____
_____

**5** En el Supermercado Blasco hay un empleado nuevo. ¿Puedes ayudarle a colocar cada producto en su sitio?

| | | | | | |
|---|---|---|---|---|---|
| chorizo | leche | cerveza | truchas | jamón | gambas |
| fresas | naranjas | cava | limones | cordero | espárragos |
| manzanas | cerdo | cebollas | vino | pollo | sardinas |

VERDURA

PESCADO

CARNE

FRUTA

BEBIDAS

**6** Escucha este diálogo en una tienda de comestibles y señala la respuesta.

1. ¿Qué dice el cliente para preguntar el precio de un producto?

☐ ¿Cuánto valen las fresas?
☐ ¿A cuánto están las fresas?
☐ ¿Cuánto cuestan las fresas?

2. ¿Y para preguntar el precio total?

☐ ¿Cuánto es todo?
☐ ¿Cuánto vale todo?
☐ ¿Cuánto cuesta todo?

3. ¿Qué compra?

☐ Fresas, huevos y azúcar.
☐ Jamón, azúcar y fresas.
☐ Leche, jamón y huevos.

# gente que come bien

**7** Completa ahora este diálogo en una tienda.

● Hola, buenos días, ¿Qué le pongo?

○ _____

● Pues sí, tenemos éstos, que son fantásticos.

○ _____

● Un kilo, muy bien. ¿Algo más?

○ _____

● A doscientas cincuenta la docena.

○ _____

● Pan no tenemos. Lo siento.

○ _____

● A ver, son... 525 pesetas.

○ _____

● Gracias a usted. Hasta luego.

○ _____

**8** Vamos a simular en parejas una situación en una tienda.

**B: CLIENTE**

Necesitas las cosas de la lista y vas a comprarlas al supermercado. Tu compañero será el dependiente. Pero ojo: pregunta los precios porque sólo llevas 5.000 ptas. A lo mejor no puedes comprarlo todo.

3 kilos de naranjas
2 botellas de aceite
1 kilo de tomates
6 botellas de vino tinto
2 botellas de cava
2 docenas de huevos
1/4 de kilo de queso
1 kilo de azúcar
8 cocacolas light

**A: DEPENDIENTE/A**

Trabajas en el supermercado. Primero, decide el precio en pesetas de los productos de la lista. Luego, atiende a tu compañero que va a hacer la compra en tu supermercado.

**9** ¿Te alimentas de forma sana? Contesta a este test.

**¿Comes carne de cerdo?**
☐ a. Sí, una vez por semana.
☐ b. Sí, cinco veces por semana.
☐ c. No, nunca.

**¿Comes huevos?**
☐ a. Sí, dos huevos por semana.
☐ b. Sí, cada día.
☐ c. No, casi nunca.

**¿Tomas alcohol?**
☐ a. Sí, un poco de vino con las comidas.
☐ b. Sí, todos los días tomo alguna copa (whisky, coñac) y cerveza.
☐ c. No, no tomo alcohol.

**¿Comes "comida rápida"?**
☐ a. Sí, de vez en cuando.
☐ b. Sí, a menudo.
☐ c. No, nunca he estado en un MacDonald's.

**¿Bebes agua?**
☐ a. Sí, un litro y medio al día.
☐ b. ¿Agua? Sí, en la ducha.
☐ c. Sí, tres litros al día.

**¿Comes pescado?**
☐ a. Sí, dos o tres veces por semana.
☐ b. No, no me gusta. Tiene espinas.
☐ c. No me gusta mucho pero lo como porque es sano.

**Las ensaladas...**
☐ a. me gustan.
☐ b. ¡Qué horror!
☐ c. son mi plato preferido.

número de respuestas A:          número de respuestas B:          número de respuestas C:

**RESULTADO:**

Si tienes muchas respuestas a: te alimentas equilibradamente.

Si tienes muchas respuestas b: cuidado, tienes que cambiar algunos hábitos.

Si tienes muchas respuestas c: te alimentas bien pero no hay que exagerar. No hay que ser tan estricto con la dieta...

**10** Haz una lista con todos los marcadores de frecuencia del ejercicio anterior. Luego escribe algunas frases, con esas expresiones, explicando hábitos tuyos.

Voy a nadar dos veces por semana.

**11** Lee estas definiciones de platos típicos españoles. ¿Sabes cómo se llama cada uno?

**1**

Es una sopa fría, de origen andaluz. Se hace con tomates, pimientos, cebolla, pan, ajo, aceite, vinagre y agua. Se toma especialmente en verano.

**2**

Es un plato típico de Madrid. Lleva muchísimas cosas: garbanzos, chorizo, carne de cerdo, verduras, etc. Primero se toma una sopa de fideos y, luego, las verduras y las carnes con las que se ha hecho la sopa. Se come especialmente en invierno porque es un poco pesado.

**3**

Es el plato español más conocido: el ingrediente principal es el arroz, pero lleva muchas otras cosas: se puede poner pescado, pollo, conejo u otras clase de carne. Lleva algunas verduras y, muchas veces, marisco. Su origen está en Valencia, pero se toma en todo el país.

**4**

Son trozos de tomate, pimiento, cebolla y otras verduras, cocinados muy despacio. Se toma con huevos fritos. Es un plato muy típico de La Mancha.

☐ PISTO   ☐ PAELLA

☐ COCIDO   ☐ GAZPACHO

Describe tú ahora dos platos típicos de tu país. Luego, explícaselos a tus compañeros.

**12** ¿Sabes qué es cada cosa? En vertical leerás un producto típico español.

## UN PRODUCTO TÍPICO ESPAÑOL

1. Es una fruta que se cultiva mucho en el Mediterráneo. Su zumo se toma muy a menudo para desayunar.   _ _ _ _ _ _ ☐ _

2. Es un objeto metálico para conservar alimentos.   _ ☐ _ _ _

3. Es un marisco rojo, muy rico a la plancha. Se pone también en la paella.   _ _ ☐ _ _ _

4. Se toma después del segundo plato.   _ ☐ _ _ _ _ _

5. Es una bebida. Puede ser blanco, tinto o rosado.   _ _ ☐ _

**3** Escribe definiciones de dos palabras que hayas aprendido en la lección 25. Léelas en clase sin decir de qué se trata: tus compañeros tienen que adivinar qué estás describiendo.

**4** En una paella, ¿cuáles de estos ingredientes puedes encontrar? Señálalo y discútelo con tus compañeros.

☐ nueces      ☐ sardinas      ☐ alcachofas

☐ garbanzos      ☐ guisantes      ☐ almendras

☐ pimientos      ☐ jamón      ☐ queso

☐ huevo duro      ☐ arrroz      ☐ zanahorias

☐ mejillones      ☐ pollo      ☐ gambas

• ¿La paella lleva nueces?
○ No, no, nueces, no.

¿Conoces otros ingredientes posibles de la paella?

**15** En Casa Leonardo hay un nuevo chef extranjero que tiene problemas para ordenar todos estos platos. ¿Puedes ayudarle?

gambas al ajillo

filete de ternera con patatas

flan

tarta de limón

helado

gazpacho

fideuá

calamares a la romana

huevos con chorizo

manzana

pollo asado

merluza a la romana

espárragos con mayonesa

*Menú del día*

Primer plato

_____
_____
_____
_____

Segundo plato

_____
_____
_____
_____

Postre

_____
_____
_____

¿Puedes añadir otros platos al menú de Casa Leonardo?

**16** ¿Por qué no escribes tu menú favorito? Seguramente necesitarás el diccionario. A lo mejor algunas cosas no se pueden traducir.

*Mi menú favorito*

De primero
_____
_____
_____

De segundo
_____
_____

De postre
_____
_____

**17** El hotel balneario Gente Sana ofrece un programa de adelgazamiento. Los clientes pueden adelgazar 6 kilos en tres días, pero de una forma sana. ¿Puedes elaborar el menú? Haz una propuesta para discutirla con tus compañeros.

| *** HOTEL BALNEARIO *GENTE SANA* *** | | |
|---|---|---|
| | VIERNES | SÁBADO | DOMINGO |
| **Desayuno** | | | |
| **Almuerzo** Primer plato: Segundo plato: Postre: | | | |
| **Cena** Primer plato: Segundo plato: Postre: | | | |

**18** ¿Puedes completar este crucigrama con objetos de la cocina?

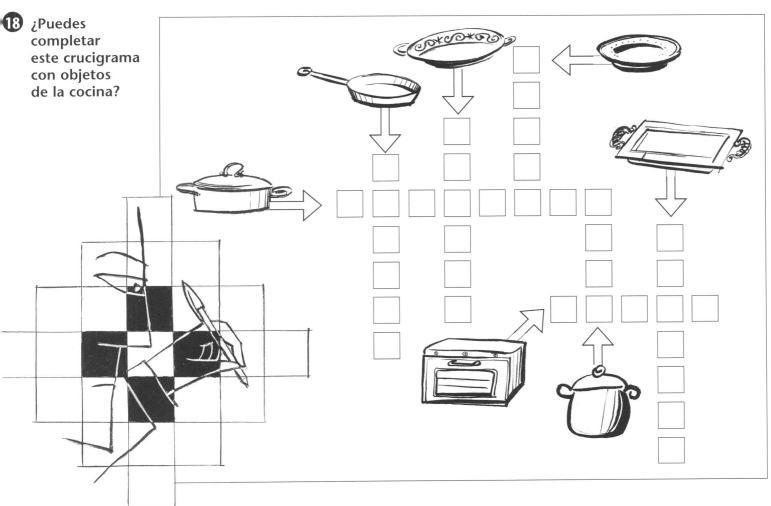

**19** Un amigo te ha dado esta lista de ingredientes para hacer puré de manzana, pero hay varios problemas con las cantidades, ¿verdad? Escribe aquellas cosas que no te parecen bien. Puedes usar: **demasiado/a/os/as, mucho/a/os/as, suficiente/s, poco/a/os/as.**

Lleva demasiada agua.

INGREDIENTES (para seis personas)

2 manzanas
500 g de mantequilla
1 litro de agua
medio vaso de vino
10 g de sal
50 g de pimienta

**20** Si quieres obtener la receta completa del puré de manzana, tienes que relacionar los elementos de la primera columna con los de la segunda.

Se pelan — un poco de mantequilla en una cacerola

y se cortan — las manzanas con un poco de sal.

Después, se calienta — durante diez minutos.

y se añaden — las manzanas

Se pone — en trozos pequeños.

y se hierve todo — un vaso de agua y medio de vino blanco

**21** ¿Puedes encontrar dos ejemplos de alimentos para cada categoría?
¡Pero sin repetir ninguno!

Se comen crudos: plátanos, _____.

Se hacen en una sartén: _____, _____.

Se hierven: _____, _____.

Se asan en el horno: _____, _____.

Se hacen a la plancha: _____, _____.

Llevan salsa: _____, _____.

Se comen sin sal: _____, _____.

Se pelan: _____, _____.

**22** Esta receta tiene un problema lingüístico: se repiten muchos nombres.
¿Puedes corregir el texto utilizando los pronombres
Objeto Directo **lo**, **la**, **los**, **las**?

### POLLO CON CIRUELAS

**Ingredientes** (para cuatro personas):
1 pollo mediano
2 vasos de vino blanco
1 cebolla grande
1 vaso (pequeño) de jerez
250 g de ciruelas pasas
sal y pimienta

**Preparación:**
Primero hay que cortar el pollo en trozos y limpiar *los trozos de pollo* y salar *los trozos*. Después, poner un poco de aceite en una cacerola, calentar *el aceite* y freír el pollo por los dos lados durante diez minutos, retirar *el pollo* y guardar *el pollo*. En el mismo aceite, echar la cebolla y freír *la cebolla*. Es mejor freír *la cebolla* a fuego lento, así no se quema. Luego, añadir el pollo y poner en la cacerola las ciruelas y mezclar bien *las ciruelas* con el pollo y la cebolla. Añadir el vino y el jerez y dejar cocer durante 25 minutos.

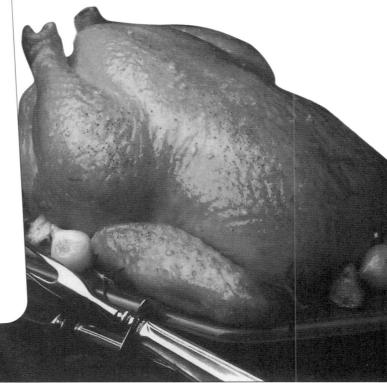

**23** Sonia, la mujer de Pepe Corriente, nos explica lo que han comido hoy.
Lee el texto y complétalo con las siguientes palabras.

al horno          tapas          patatas          fruta          aperitivo

leche                    bocadillo          mantequilla          postre          zumo

Hoy, para desayunar, hemos tomado un café con _____ , _____ de naranja y pan con _____ y mermelada. A eso de las dos hemos ido a una cervecería del centro para tomar el _____ con unos amigos: un par de vinos y unas _____. Hemos comido tarde, a las tres y pico, en casa de la madre de Pepe. Nos ha preparado un pescado _____ con _____ que estaba riquísimo, y de _____ ha hecho natillas. Para cenar, yo no he tomado casi nada, sólo un poco de _____ pero Pepe se ha preparado un _____ de jamón y queso.

**24** Una española explica la receta de la "fideuá". ¿Cuántos ingredientes puedes anotar?

**25** ¿Puedes poner un poco de orden en este diálogo en un restaurante?

CAMARERO
• ¿Qué va a tomar?
• ¿Y para beber?
• Ahora mismo. ¿De postre quiere algo?
• Es bacalao fresco, fantástico...
• ¿Y de segundo?

CLIENTE
○ Pues entonces bacalao.
○ Por favor, un poco más de agua.
○ Pues de primero la sopa de la casa.
○ No gracias. Un café solo y me trae la cuenta, por favor.
○ Agua mineral sin gas.
○ A ver... ¿El bacalao qué tal?

• _____
○ _____
• _____
○ _____
• _____
○ _____
• _____
○ _____

(Un rato después:)

○ _____
• _____
○ _____

# Así puedes aprender mejor

**Escucha esta discusión entre dos personas y contesta después a las preguntas.**

1. ¿Qué relación existe entre los dos?
   - [ ] a. Amigos que viven juntos.
   - [ ] b. Madre e hijo.
   - [ ] c. Marido y mujer.

2. ¿Dónde están?
   - [ ] a. En la calle.
   - [ ] b. En la casa donde viven los dos.
   - [ ] c. En casa de unos amigos.

3. ¿De qué están hablando?
   - [ ] a. De problemas domésticos.
   - [ ] b. De política.
   - [ ] c. De problemas del trabajo.

4. ¿Qué actitud tiene la mujer?
   - [ ] a. Está nerviosa.
   - [ ] b. Está triste.
   - [ ] c. Está enfadada.

5. ¿Por qué?
   - [ ] a. Por la actitud del hombre en la casa.
   - [ ] b. Porque el hombre bebe mucho.
   - [ ] c. Porque ella siempre habla así.

6. ¿Y qué actitud tiene el hombre?
   - [ ] a. Está sorprendido.
   - [ ] b. Está enfadado.
   - [ ] c. Está alegre.

7. ¿Qué te ha ayudado a contestar estas preguntas?

8. Vuelve a escuchar la conversación. ¿Necesitas conocer todas las palabras para entender la situación?

Entender una conversación es algo más que entender lo que se dice: es comprender lo que pasa. Para conseguirlo no es necesario saber qué significan todas las palabras. Lo acabas de comprobar, ¿no?

# Autoevaluación

| En general: | ☀ | ⛅ | ☁ | ☁ |
|---|---|---|---|---|
| Mi participación en clase | | | | |
| Mi trabajo en casa | | | | |
| Mis progresos en español | | | | |
| Mis dificultades | | | | |

| Y en particular: | | | | | |
|---|---|---|---|---|---|
| 🔧 Gramática | | | | | |
| 📖 Vocabulario | | | | | |
| 🎵 Fonética y pronunciación | | | | | |
| 👓 Lectura | | | | | |
| 👂 Audición | | | | | |
| ✏ Escritura | | | | | |
| 🏛 Cultura | | | | | |

## Diario personal

En las lecciones de GENTE QUE COME BIEN me ha parecido muy interesante _____, pero no me ha parecido tan interesante _____. Creo que he aprendido mucho sobre _____ aunque me parece que todavía tengo problemas con _____. También he aprendido _____ y _____. Para no olvidar palabras nuevas lo que hago es _____. Me gustaría pedirle al profesor más veces también _____ y a actividades para practicar_____. En general, desde el principio del curso, creo que he avanzado (muchísimo/mucho/bastante/poco).

### PESOS Y MEDIDAS

| Un **kilo de** carne | 1 kg |
| Un **litro de** leche | 1 l |

| Un **cuarto de kilo de** carne | 1/4 kg |
| Un **cuarto de litro de** leche | 1/4 l |

| Medio **kilo de** carne | 1/2 kg |
| Medio **litro de** leche | 1/2 l |  ~~un medio~~

| Tres **cuartos de kilo de** carne | 3/4 kg |
| Tres **cuartos de litro de** leche | 3/4 l |

| 100 **gramos de** jamón | 100 g |
| 250 **gramos de** queso | 250 g |

| Una **docena de** huevos | (=12) |
| Media **docena de** huevos | (=6) |  ~~una media~~

¿Cuánto pesa? ¿Un kilo y medio?

No, un kilo y cuarto.

### POCO, SUFICIENTE, BASTANTE, MUCHO Y DEMASIADO

Cuando se refieren a un nombre, estas palabras son adjetivos y tienen formas variables.

| SINGULAR | | PLURAL | |
|---|---|---|---|
| *MASCULINO* | *FEMENINO* | *MASCULINO* | *FEMENINO* |
| poc**o** | poc**a** | poc**os** | poc**as** |
| much**o** | much**a** | much**os** | much**as** |
| demasiad**o** | demasiad**a** | demasiad**os** | demasiad**as** |
| suficient**e** | | suficient**es** | |
| bastant**e** | | bastant**es** | |

Bebe demasiad**o** alcohol.  Come poc**a** fibra.
Toma much**os** helados.  Come demasiad**as** hamburguesas.
No hace suficient**e** ejercicio.  Tiene bastant**es** amigos.

Cuando se refieren a un verbo, estas palabras son adverbios y tienen formas invariables. Se utiliza la forma correspondiente al masculino singular.

Come **poco**.
Fuma **bastante**.
Lee **mucho**.
Trabaja **demasiado**.

Pero:

No duerme **lo suficiente**.

## NINGUNO (NINGÚN)/NINGUNA, NADA

La paella puede llevar guisantes, pero no lleva garbanzos.

En el gazpacho ponemos aceite y vinagre, pero no ponemos vino.

**•••○** Para indicar la ausencia de una cosa, por contraste con su presencia, se pone el nombre sin el adjetivo negativo.

> No he comprado garbanzos ni peras.
> No hay manzanas en casa.
>
> *NOMBRES CONTABLES EN PLURAL*
>
> No tenemos harina ni arroz.
> No pongo sal en la tortilla.
>
> *NOMBRES NO CONTABLES EN SINGULAR*

Si el nombre ha sido mencionado antes, puede omitirse en la respuesta.

> ● ¿Hay fresas?
> ○ No, no hay.

También podemos decir:

> No, no hay fresas.
> No, fresas no hay.
> ~~No, no hay ningunas.~~

**•••○** Para indicar la ausencia total de una cosa contable, por contraste con una determinada cantidad, usamos **ninguno (ningún)/ninguna**.

No llevo bañador.

> **No** + verbo + **ningún/a** + *NOMBRES CONTABLES*
>
> En la nevera **no** queda **ninguna** manzana.
> Este año **no** he comido **ningún** helado.

Si el nombre ha sido mencionado antes, las formas **ninguno/ninguna** pueden aparecer solas:

> ● ¿Has comido muchas manzanas?
> ○ No, **no** he comido **ninguna**.

> ● ¿Has comido muchos helados?
> ○ No, **no** he comido **ninguno**.

> ~~No he comido ningunas.~~

> ~~No he comido ningunos.~~

Atención:
Hay diversos tipos de nombres contables que no siguen esta regla. En estos casos, el nombre va en singular, sin artículo ni adjetivo.

No tengo novia.

> Con nombres de instalaciones o aparatos, de los que sólo hay generalmente uno: **piscina**, **teléfono**, **aire acondicionado**, **aeropuerto**, **garaje**, **jardín**...

> Con nombres de objetos y prendas personales, de los que generalmente se tiene uno solo: **ordenador**, **coche**, **barba**, **bigote**...

> Con nombres de relaciones personales: **madre**, **novio**, **jefe**...

•••○ Para indicar ausencia total de cosas no contables, por contraste con una determinada cantidad, usamos **nada (de)**.

> **No** + verbo + **nada de** + *NOMBRE NO CONTABLE*

En la nevera **no** queda **nada de** leche.
Llevan mucho arroz y azúcar, pero **nada de** aceite ni **de** sal.

Si el nombre ha sido mencionado antes, se utiliza la forma **nada**.

● ¿Has puesto mucha harina en este pastel?
○ No, no he puesto **nada**.

## LA IMPERSONALIDAD: SE + VERBO

•••○ Cuando el nombre es singular, el verbo va en singular.

Aquí **se** come **un pescado** muy rico.
En este pueblo **se** beb**e** **mucho vino.**

•••○ Cuando el nombre es plural, el verbo va en plural.

En España **se** public**an muchas novelas** al año.
En este país **se** fabric**an muchos licores.**

•••○ Cuando no hay nombre, el verbo va en singular.

En España **se cena** tarde.
Aquí **se vive** muy bien.

## PEDIR EN UN BAR O EN UN RESTAURANTE

•••○ Para pedir los platos:

**De primero**, quiero macarrones.       **De segundo**, voy a comer lomo.
**De postre**, helado de chocolate.       Y **para beber**, agua sin gas.

•••○ Para pedir algo que falta:

¿Me **puede traer**

un cuchillo/un tenedor/una botella de agua...?

**un poco más de** { pan / salsa / agua / vino       *CON NOMBRES NO CONTABLES*

**otro** { vaso de vino / café

*CON NOMBRES CONTABLES*

**otra** { cerveza / ración de jamón

La carta, por favor.

Un café, por favor.

La cuenta, por favor.

*gente que viaja*

# Aquí encontrarás:

# gente que viaja

**1** Mira la cartera de Ariadna Anguera en la página 81 del *Libro del alumno*.
Observa las cosas que lleva y cierra el libro ¿Cuáles de estas cosas hay
en la cartera? Márcalas.

___ plano de la ciudad ☐    ___ mapa de carreteras ☐    ___ guía de hoteles ☐
___ agenda personal ☐    ___ agenda de trabajo ☐    ___ tarjetas de crédito ☐
___ llaves de casa ☐    ___ guía de teléfonos ☐    ___ calculadora ☐
___ pasaporte ☐    ___ teléfono móvil ☐    ___ billetes de avión ☐
___ llavero ☐    ___ ordenador portátil ☐    ___ cámara fotográfica ☐
___ calendario ☐    ___ tarjetas de visita ☐    ___ moneda extranjera ☐
___ gafas de sol ☐    ___ llaves del coche ☐    ___ billetes de banco ☐

**2** Ahora, escribe delante de cada palabra el artículo determinado (**el**, **la**, **los**, **las**). Escribe también cuáles de estas cosas has necesitado en tu último viaje.

**3** Mira la agenda de la página 81 del *Libro del alumno*. Imagina que hoy es jueves 24 de abril y que son las seis de la tarde. ¿Ha hecho o va hacer estas cosas Ariadna?

|  | VERDADERO | FALSO |
|---|---|---|
| a. Ya ha comido con Jean Pierre. | ☐ | ☐ |
| b. Todavía no ha ido a Valencia. | ☐ | ☐ |
| c. Todavía no ha jugado al tenis con Jaime. | ☐ | ☐ |
| d. Ya ha estado en París. | ☐ | ☐ |
| e. Ha ido a la cena de cumpleaños de su madre. | ☐ | ☐ |
| f. Va a ver al Sr. Puig. | ☐ | ☐ |

¿Puedes escribir otras tres cosas que **ya** ha hecho y tres que **todavía no** ha hecho Ariadna esta semana?

YA...

TODAVÍA NO...

**4** ¿Qué cosas haces normalmente antes, durante y después de un viaje?
Ordénalas. Puedes también añadir otras cosas.

| | | |
|---|---|---|
| comprar los billetes | revelar las fotos | planchar camisas |
| hacer fotos | deshacer la maleta | comprar regalos | hacer la maleta |
| alquilar un coche | cambiar dinero | escribir postales |

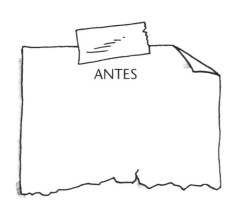

ANTES

DURANTE

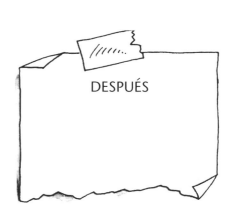

DESPUÉS

**5** Este texto ya lo has leído en el *Libro del alumno*. Escribe ahora las palabras que faltan.

### EL CAMINO DE SANTIAGO

Desde la Edad Media _____ hoy, miles de peregrinos cruzan los Pirineos y viajan _____ el oeste, hasta la tumba del Apóstol Santiago, en la _____ de Santiago de Compostela.

Los peregrinos van a _____ , a caballo o en bicicleta, por motivos religiosos, turísticos o_____. Algunos viajan solos y _____ en grupo, con _____ o con la familia. De Roncesvalles a Compostela encuentran iglesias románicas, _____ góticas, pueblos pintorescos, paisajes _____ variados...; y cada pocos kilómetros, una posada, un lugar donde _____ gratis, normalmente con camas y duchas.

# gente que viaja

**6** Si has resuelto bien el ejercicio 1 de la página 82 (*Libro del alumno*), podrás responder a estas preguntas que vas a escuchar.

NOMBRE DEL PEREGRINO

1. _____    6. _____

2. _____    7. _____

3. _____    8. _____

4. _____    9. _____

5. _____

**7** Tienes este horario de trenes Madrid-Segovia, pero cuando llamas a Información de RENFE (Red Nacional de Ferrocarriles Españoles) para confirmar que es correcto, un contestador automático te explica el nuevo horario. Hay algunos cambios. ¿Puedes marcarlos?

| MADRID | SEGOVIA |
|--------|---------|
| 6,17 | 8,13 (1) |
| 10,17 | 12,05 |
| 14,17 | 16,06 |
| 16,23 | 18,01 (1) |
| 20,17 | 22,10 (2) |

(1) Laborables, excepto sábados.
No circula: 1/5, 25/12, 1/1
(2) Diario, excepto domingos.

**8** Como ya sabes, Rick Van Patten es un estudiante holandés que va a Granada a hacer un curso de español. Fíjate en el itinerario de su viaje y completa después la conversación de Rick con Carlos, un amigo español.

Utrecht

Amsterdam

Madrid

Sevilla

Granada

CARLOS: ¿Y qué tal el viaje?
RICK: Un poco cansado, pero muy bien. **De** Utrecht **a** Amsterdam he ido _____ _____ , y allí he _____ un _____ _____ Madrid.
CARLOS: ¿Y has venido a Granada en avión también?
RICK: No, qué va, el avión es carísimo. Primero he _____ a _____ en _____ para visitar a unos amigos y después, _____ Sevilla _____ Granada, he venido _____ autobús.

**9** Anne y Michael son dos turistas alemanes que han hecho un viaje por España. Al volver a Frankfurt, Anne mira las notas que ha ido tomando en su diario. ¿Puedes decir algunas cosas que han hecho o les han pasado?

Han ido de Frankfurt
a Sevilla en avión.

_____

_____

_____

_____

_____

_____

Avión Frankfurt - Sevilla - Frankfurt.
¡RETRASO!

Tren: Sevilla - Córdoba.
VISITA A CÓRDOBA.

"Gentecar", agencia de alquiler de coches de Córdoba. SEAT IBIZA.

Hotel en Málaga: "LA LECHUZA".

Comida en Almería.
Restaurante "El cangrejo verde".
TAPAS MUY RICAS.

Avería entre Almería y Jaén (Guádix). Noche en Guádix.
PINCHAZO EN MONTILLA.

Autobús
Córdoba - Sevilla.

**10** Vas a escuchar a una persona que está reservando una habitación en un hotel. Ordena las intervenciones del recepcionista que habla con él.

___ Muy bien, del lunes 10 al jueves 13, ¿a qué hora van a llegar?
___ De acuerdo, no hay ningún problema.
___ ¿Para cuántos días?
___ ¿De la mañana?
___ 12.500 la doble y 11.000 la individual.
___ Sí, sí, todas son con baño.
 1  Sí, para ese día hay alguna libre.

HOTEL UNIVERSIDAD
\* \* \*

- A un paso de la Ciudad Universitaria y de los centros de negocios.
- A 10 minutos del Paseo de la Castellana.
- 120 habitaciones con aire acondicionado.
- Tranquilo y bien comunicado.
- Sauna y Fitness.

**11** Mira los horarios de estos establecimientos. Escucha las conversaciones y decide si van a encontrar abierto en el momento en el que hablan.

*Mikis*

*Jazz en directo todas las noches*

hasta las 4h

¿Van a encontrar abierto?     sí ☐     no ☐

*La Gaviota*

E S P E C I A L I D A D E S   M A R I N E R A S

13h-17h y 20.30h-24h
(lunes noche y martes descanso semanal)

¿Van a encontrar abierto?     sí ☐     no ☐

**EL CORTE FIEL**

¡ESTE DOMINGO ABRIMOS!

Liquidación total por fin de temporada.
Venga a ver nuestras increíbles rebajas
de 9h a 21h todos los días.

¿Van a encontrar abierto?     sí ☐     no ☐

**12** Imagina que hoy tenías que hacer todas estas cosas. Ahora son las cuatro de la tarde. Señala cinco cosas e imagina que ya las has hecho (las que quieras). Tu compañero te puede hacer 8 preguntas para intentar descubrir cuáles son.

- ● ¿Ya has comprado el pan?
- ○ Sí, ya lo he comprado.
  No, todavía no.

ir al banco
comprar el pan
preparar la cena
planchar tres camisas
llamar por teléfono a tus padres
escribir una carta a Teresa, una amiga española
recoger una chaqueta en la tintorería
sacar los billetes de avión para París
hacer los ejercicios de español
pagar la luz y el teléfono

TU COMPAÑERO

Ya ha...

**13** Pon en orden estos marcadores de tiempo, a partir de hoy.

| | | |
|---|---|---|
| dentro de tres años | el martes que viene | pasado mañana |
| el mes que viene | el domingo | mañana | el 24 de abril |

el 25 de noviembre          en marzo del 2012

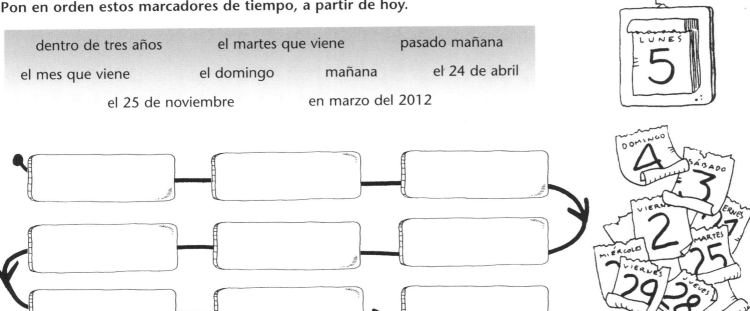

**14** La soprano Renata Yacallé tiene una agenda muy apretada. Su secretaria está enferma y la diva no entiende bien sus notas. ¿Puedes ayudarla? Escribe tú ahora dónde crees que va a cantar y en qué fecha.

Par. 13 y 25 jul.
Mil. Mar-30-sep.
Sid. 1 y 2 sep.
Barc. 15-20 jul.
Ven. 3-oct.
Rom. V-2-oct.
L.A. 22-ag.

N.Y. J-25-ag.

Va a cantar en Nueva York el jueves veinticinco de agosto.

**15** Vais a leer un texto, pero antes, cada grupo puede escribir dos ideas que piense que van a aparecer en él. El profesor va a escribir todas vuestras frases en la pizarra. Después de leer el texto veremos cuáles de vuestras ideas han aparecido.

# LOS ESPAÑOLES
# Y LOS VIAJES AL EXTRANJERO

¿Viajamos mucho los españoles al extranjero? El tópico en los países de nuestro entorno dice que no, y la realidad es que los españoles de este siglo nunca han tenido fama de viajeros. Hace no muchos años la mayoría de los españoles que viajaba al extranjero lo hacía para encontrar un trabajo mejor y sólo unos pocos con dinero iban a otros países para pasar las vacaciones. De hecho, aún hoy la mayoría de los españoles prefiere disfrutar sus vacaciones dentro del país, con la familia y, generalmente, en lugares de playa.

Pero, desde hace unos años, la costumbre de hacer viajes al extranjero se ha extendido gracias al abaratamiento de las tarifas aéreas y a la mejora de la economía. Y viajamos desde muy pequeños: cada vez es más normal que los niños pasen un verano en Gran Bretaña o Irlanda para aprender inglés o en Francia para aprender francés; las becas Erasmus y Sócrates han facilitado a miles de universitarios hacer parte de sus estudios en el extranjero, y ahora es muy difícil no encontrar grupos de españoles en cualquier capital europea durante las vacaciones de Semana Santa o de verano. Pero los países europeos no son los únicos escogidos por la gente que quiere conocer otros lugares: Hispanoamérica (especialmente México y Cuba) es uno de los destinos preferidos para escapar durante una semana o quince días. También Marruecos y, en menor medida, países como la India o Tailandia se encuentran entre la preferencias de los viajeros españoles.

En general el estereotipo es verdad: no salimos tanto de nuestro país como los alemanes o los británicos, pero también es verdad que este estereotipo, como tantos otros, está desapareciendo poco a poco.

**16** Y a ti, ¿a cuál de estos lugares te gustaría viajar?

Cancún, Varadero, Ibiza... un lugar de playa.

Disneylandia, Port Aventura, La Isla Mágica... un lugar de diversión.

Amazonas, Tierra del Fuego, Guinea Ecuatorial... un lugar exótico.

Sierra Nevada, Farellones, Baqueira... un lugar para esquiar.

Marbella, Canarias, Mallorca... un lugar para jugar al golf.

Cadaqués, Cayo Coco, la Alpujarra... un lugar tranquilo para descansar.

Salamanca, Toledo, Santiago... ciudades para conocer la historia de España.

**Compara tus preferencias con las de tus compañeros. Juntos podéis diseñar vuestro "lugar ideal de vacaciones". Si no existe, podéis inventarlo.**

Nombre: _____

¿Dónde está? _____

¿Cómo se puede ir? _____

¿Cómo es un día normal ahí? _____

Breve descripción: _____

**17** Cuando viajas por España y por Hispanoamérica puedes escuchar diferentes acentos. Cada país, cada región y, a veces, cada ciudad o pueblo, tiene unas características fonéticas determinadas. Escucha cómo hablan estas tres personas y observa estos fenómenos.

Los cubanos no pronuncian las eses finales de sílaba y generalmente hacen las jotas y las ges con aspiración, con un sonido parecido al de la hache en inglés.

En general, los hispanoamericanos no pronuncian el sonido que la ce/zeta tienen en España: lo pronuncian todo ese.

Los argentinos pronuncian la elle y la i griega de una forma muy curiosa, casi como la ge francesa o inglesa (como en "George").

**131**

**18** ¿A qué hora haces estas cosas? Escríbelo en letras.

¿A qué hora te levantas, normalmente? _____

¿Y los días festivos? _____

¿A qué hora desayunas? ¿Antes o después de vestirte? _____

¿A qué hora empiezas a trabajar? _____

¿A qué hora sales del trabajo o de la escuela? _____

¿A qué hora tienes clase de español? _____

¿A qué hora es tu programa preferido de televisión? _____

¿A qué hora abren las farmacias en tu país? _____

¿A qué hora se cena en tu país? _____

¿Y tú? ¿A qué hora cenas? _____

¿Lees antes de dormir? ¿Hasta qué hora? _____

¿Escuchas la radio? ¿Cuándo? _____

¿Ves mucho la tele? ¿Cuántas horas al día? _____

¿A qué hora te acuestas? _____

**19** Jesús Vera es un hombre muy metódico. Hace todos los días lo mismo.
¿Puedes ordenar cronológicamente lo que hace?

☐ Se acuesta a las once.

☐ Empieza a trabajar a las nueve.

[1] Se levanta a las siete y media.

☐ Antes de desayunar hace un cuarto de hora de gimnasia.

☐ Después de hacer sus ejercicios de alemán, mira las noticias de la tele.

☐ A las diez y media come un bocadillo y toma un café en un bar, al lado de la oficina.

☐ Antes de acostarse escribe un par de páginas en su diario.

☐ Despúes de cenar, estudia un rato alemán.

☐ Come con un compañero de trabajo a las dos y media.

☐ Antes de cenar navega una horita por Internet.

☐ Cena a las nueve.

☐ Después de comer, juega una partida de ajedrez contra su ordenador.

☐ A las ocho y media coge el metro para ir a casa.

☐ Sale del trabajo a las seis menos cuarto.

☐ A las nueve y media llama por teléfono a su madre.

☐ Por la tarde va un rato a la biblioteca municipal y está consultando libros hasta las ocho y veinte.

**20** Una agencia propone estos viajes para el mes de noviembre.

| DESTINO | VIAJE | DURACIÓN | SALIDA | TRANSPORTE | PRECIO | ALOJAMIENTO |
|---------|-------|----------|--------|------------|--------|-------------|
| **FILIPINAS** FASCINANTE | 🏛 ⛱ | 14 días | 12 y 19/IX | avión y autocar | 290.000 ptas. | hoteles **** |
| **NEPAL** | ⛺ 🚶 | 17 días | 13/IX | avión y coche | 310.000 ptas. | hoteles * y tiendas |
| **PARÍS** MONUMENTAL Y DISNEYLAND | 📷 🏛 | 6 días | 2 y 6/IX | avión y autocar | 80.000 ptas. | hoteles ** |
| **KENIA** MINISAFARI | 📷 🌲 | 8 días | todos los miércoles | avión y 4x4 | 260.000 ptas. | hoteles **** |
| **GUATEMALA** | 🌲 ⛺ | 16 días | 5, 19 y 26/IX | avión y 4x4 | 360.000 ptas. | tiendas y bungalows |
| **CUBA** | 🤿 ⛱ | 15 días | diario | avión y barco | 150.000 ptas. | hoteles *** y bungalows |

📷 Fotografía   🏛 Cultura   ⛱ Mar y playa   🤿 Buceo   ⛺ Aventura   🌲 Naturaleza   🚶 Trekking

Unos clientes te explican sus necesidades y sus preferencias. ¿Qué viaje le aconsejas a cada uno? Hay varias posibilidades. Razónalo.

### 1. JUAN RODRÍGUEZ PALACIOS

Mi mujer y yo empezamos las vacaciones el 4 de noviembre y tenemos 18 días. Y este año queremos salir de Europa: África o América Latina... Nos interesan mucho la historia y la cultura. También nos encanta hacer excursiones, acampar y el contacto con la naturaleza.

Yo le recomiendo el viaje a _____

porque _____

_____

_____

### 2. MARÍA ZARAUZ BENITO

Somos tres chicas, compañeras de trabajo. Queremos unas vacaciones tranquilas. Descansar en un buen hotel, hacer algo de deporte, quizá... Queremos buen tiempo y playa. Y no queremos gastar más de 170.000 por persona.

Yo le recomiendo el viaje a _____

porque _____

_____

_____

## 3. ÁNGEL TOLOSA DÍAZ

Viajamos dos parejas y tres niños. Y, claro, hay que encontrar un viaje para todos. Algo para los niños y algo para los mayores. Queremos estar una semana, más o menos, la primera semana de noviembre.

Yo le recomiendo el viaje a _____

porque _____

_____

_____

## 4. BERTA IBÁÑEZ SANTOS

Somos un grupo de amigos y queremos viajar unas dos semanas. Empezamos las vacaciones el día 9 de noviembre. Nos gustaría ir a un sitio diferente, especial, pero estar en hoteles buenos, cómodos. Somos todos mayores y no queremos mucha aventura, ¿sabe usted?

Yo le recomiendo el viaje a _____

porque _____

_____

_____

**Pero a lo mejor tienes todavía dudas para recomendarles un viaje adecuado. Formúlales algunas preguntas para estar seguro de sus gustos.**

1. ¿_____?

2. ¿_____?

3. ¿_____?

4. ¿_____?

**21** Si queréis, podéis escenificar ahora en parejas la conversación en la agencia del ejercicio anterior. Un alumno hará de uno de los clientes y el otro de empleado.

**22** **Mira estos anuncios de hoteles.**

## HOTEL MIRAFLORES
* * * * *

• Solárium y piscina.
• Hidromasaje.
• Situado en el centro de la ciudad
y al lado de la playa.
• El hotel de lujo ideal
para vacaciones o negocios.
• 100 habitaciones y 10 suites con vistas.
• Aire acondicionado
en todas las habitaciones.

## HOSTAL JUANITO

Precios económicos.
• • •
Habitaciones con lavabo.
• • •
En el casco antiguo de la ciudad,
en el barrio con más ambiente.

## Hotel Nenúfares
* * * *

**A** cinco minutos del aeropuerto y junto al Recinto Ferial. Campo de golf y tenis.

**T**odos los servicios para un viaje de negocios.

**M**uy bien comunicado (tren y autobuses).

**T**res restaurantes: cocina internacional, cocina típica regional y barbacoa en nuestra terraza.

**¿Cuál de los tres hoteles eliges...?**

- Si quieres un hotel muy lujoso,                                     el Miraflores.

- Si te gusta mucho hacer deporte durante tus viajes,                _____

- Si quieres ver el mar,                                             _____

- Si quieres salir por la noche,                                     _____

- Si no quieres gastar mucho,                                        _____

- Si te interesa mucho la cocina,                                    _____

- Si te gusta nadar,                                                 _____

- Si no quieres estar en el centro,                                  _____

- Si quieres una habitación muy grande,                              _____

- Si es un viaje de trabajo, en avión, y vas a trabajar en una feria, _____

- Si no quieres tener calor,                                         _____

**23** **Lee el texto de la página 88 del *Libro del alumno*. Imagina que Wais es un ejecutivo de tu país y escribe de nuevo el texto. ¿Qué conflictos habría entre él y un ejecutivo español? ¿En qué serían diferentes?**

# Así puedes aprender **mejor**

Cuando hablas con otra persona, tú decides qué vas a decir y cómo lo vas a decir pero, al mismo tiempo, tienes que tener en cuenta lo que dice tu interlocutor.

Vais a trabajar en parejas A y B: imaginad que estáis en una agencia de viajes. Antes de hablar, debéis preparar vuestras intervenciones.

## A: CLIENTE

Has visto este anuncio en el periódico y vas a la agencia de viajes para informarte bien. Antes, decide qué fechas quieres ir y cuánto quieres gastarte en total.

Fechas en las que quieres ir: _____

Dinero que quieres gastarte: _____

¿Vas a ir solo o acompañado? _____

## VIAJES MARISOL

### ¡Todo el año!

**10 días en Ibiza**
Vuelo + Hotel de **, *** y ****
(excursiones a Mallorca y a Menorca)

### ¡PRECIOS INCREÍBLES!

## B: EMPLEADO/A

Trabajas en la Agencia Marisol y ofreces los viajes a Ibiza del anuncio durante todo el año. Un cliente va a venir a preguntar por los viajes. Pero antes tienes que decidir:

¿Qué días de la semana hay vuelos desde la ciudad donde estáis? _____
_____

¿Hay fechas en que está todo completo? _____

¿Cuánto cuestan? _____

¿Cuánto cuesta cada tipo de hotel por persona y noche? _____
_____

¿Hay ofertas para niños, grupos, etc.? _____

En actividades como ésta, tú decides qué y cómo lo vas a decir pero, al mismo tiempo, tienes que tener en cuenta lo que dice tu compañero. ¿No crees que es una buena forma de reproducir las condiciones de la comunicación real?

# Autoevaluación

**En general:**

| | ☀ | 🌤 | 🌥 | ☁ |
|---|---|---|---|---|
| Mi participación en clase | | | | |
| Mi trabajo en casa | | | | |
| Mis progresos en español | | | | |
| Mis dificultades | | | | |

**Y en particular:**

| | | | | | |
|---|---|---|---|---|---|
| 🔧 Gramática | | | | | |
| 📖 Vocabulario | | | | | |
| 🎵 Fonética y pronunciación | | | | | |
| 📖 Lectura | | | | | |
| 🔊 Audición | | | | | |
| ✏ Escritura | | | | | |
| 🏛 Cultura | | | | | |

## Diario personal

Las lecciones de GENTE QUE VIAJA contienen mucha información sobre aspectos cultura-
les. Me ha interesado especialmente saber que _____, y también me han gustado
_____.

los textos sobre _____
Con respecto a estas cosas, yo pienso que _____.
_____. Creo que

Me ha parecido muy útil aprender a _____
necesito trabajar un poco más sobre _____

## YA, TODAVÍA/AÚN

•••○ Para expresar que una situación conocida no ha cambiado, usamos **todavía** o **aún**.

- ● ¿**Todavía** está cerrado?
- ○ Sí, **todavía no** han abierto.

- ● ¿**Aún** está cerrado?
- ○ Sí, **aún no** han abierto.

**Todavía** y **aún** pueden ir en dos posiciones:

**Todavía no/aún no** ha llegado el tren.      *ANTES DEL VERBO*
El tren **no** ha llegado **todavía/aún**.    ***NO** ANTES DEL VERBO Y **TODAVÍA** DESPUÉS*

•••○ Para expresar que una situación conocida ha cambiado, usamos **ya**.

- ● ¿**Ya** ha salido de casa?
- ○ Sí, **ya** no está.

**Ya** también puede ir en dos posiciones:

El tren ha llegado **ya**.      *DESPUÉS DEL VERBO*
**Ya** ha llegado el tren.      *ANTES DEL VERBO*

## DÍAS Y FECHAS

| *PASADOS* | *FUTUROS* |
|---|---|
| ayer | mañana |
| anteayer | pasado mañana |
| **el** domingo = el domingo **pasado** | **el** domingo = **el próximo** domingo = **el** domingo **que viene** |
| **el pasado** 17 de julio | **el próximo** 17 de julio |

Hoy **es** lunes dos **de** septiembre **de** 1997.
Mañana **es** tres **de** septiembre.

Pero cuando preguntamos o hablamos de las fechas en las que pasa o pasará algo, usamos el artículo.

- ● ¿Cuándo/ Qué día { es tu cumpleaños?
  se casa Sara? }
- ○ **El** dos **de** marzo.

Nos vamos de vacaciones **el** 24 de agosto.
Sara se casa **el** sábado 24 de mayo.

## PERÍODOS

| *FUTUROS* | *PASADOS* |
|---|---|
| la semana que viene | la semana pasada |
| el mes que viene | el mes pasado |
| el próximo verano | el verano pasado |
| el año que viene | el año pasado |

## PARTES DEL DÍA

por la mañana       de día           esta mañana
al mediodía         de noche         esta tarde
por la tarde                         anteanoche
por la noche                         anoche
                                     esta noche

## REFERIRSE A HORAS

•••○ Para expresar la hora actual, se usa el artículo **las** (excepto **la una**):

- ¿Qué hora es?
- ○ **Las** cinco.
  **La** una.

| | | |
|---|---|---|
| las dos | (**en punto**) | de la madrugada |
| las cuatro | **y** cinco | de la mañana |
| las doce | **y cuarto** | del mediodía |
| las cuatro | **y media** | de la tarde |
| las diez | **menos** veinte | de la noche |
| las cinco | **menos cuarto** | de la mañana |

•••○ Para informaciones de servicios públicos (transportes, medios de comunicación, etc.) se usa también la forma numérica:

| | |
|---|---|
| las veintidós horas | (22h) |
| las catorce treinta | (14.30h) |
| las diecinueve cuarenta y cinco | (19.45h) |

•••○ Para expresar la hora en la que pasa un acontecimiento o suceso se usa la preposición **a** + **las** (**la**):

- ¿**A qué hora** sale el barco?
- ○ A **las** diez.

- ¿**A qué hora** abre el banco?
- ○ A **las** ocho.

•••○ Para hablar de los horarios de trabajo o de establecimientos se usan las preposiciones **de**... **a** o **desde**... **hasta**.

- ¿Qué horario tiene la biblioteca?
- ○ **De** nueve **a** cinco.

- ¿Cuándo está abierta la escuela?
- ○ **Desde** las nueve **hasta** las cinco.

- ¿Cuál es tu horario de trabajo?
- ○ **De** ocho y media **a** seis.

## REFERIRSE A ACCIONES FUTURAS

···○ Una de las maneras de expresar la idea de futuro es usar un marcador temporal que indique futuro + *PRESENTE DE INDICATIVO*. Esta estructura informa sobre una acción futura como parte de un plan ya decidido:

| | |
|---|---|
| Mañana | **voy** a Munich. |
| El mes que viene | **regreso** a Sevilla. |
| El 15 de julio | **vamos** al teatro. |
| Esta tarde | **nos reunimos** con Lourdes. |

···○ Otra manera de expresar la idea de futuro es usar **IR a** + *INFINITIVO* (con una marca de momento futuro o sin ella). Esta forma expresa los planes o las intenciones como referidos a acciones futuras:

| | | |
|---|---|---|
| (yo) | **voy** | |
| (tú) | **vas** | |
| (él, ella, usted) | **va** | } **a** + *INFINITIVO* |
| (nosotros/as) | **vamos** | |
| (vosotros/as) | **vais** | |
| (ellos, ellas, ustedes) | **van** | |

(El próximo año) **vamos a hacer** un viaje por el Norte de España.
¿El Sr. López? Creo que **va a ir** a Madrid mañana.

¡Atención!
Hay expresiones con **IR a** + *INFINITIVO* que sólo indican la decisión de hacer algo, en una acción inmediata:

● Ahora está en casa.
○ ¿Sí? Pues **vamos a llamarle** por teléfono.

Y hay otras que no indican futuro ni intención, y en las que el verbo **IR** conserva su idea de movimiento:

| | |
|---|---|
| ● Andrés está en el hotel. | ● ¿A dónde vas? |
| ○ Pues **vamos a verlo**. (Vamos al hotel.) | ○ A hacer footing. |

···○ También expresamos la idea de futuro con el Futuro de Indicativo (con una marca de momento futuro o sin ella). Las formas regulares del Futuro de Indicativo son:

| | *INFINITIVO* + *TERMINACIONES* | |
|---|---|---|
| (yo) | | **é** |
| (tú) | via**jar** | **ás** |
| (él, ella, usted) | com**er** | **á** |
| (nosotros/as) | dorm**ir** | **emos** |
| (vosotros/as) | | **éis** |
| (ellos, ellas, ustedes) | | **án** |

| PRESENTE | Mañana **escribo** la carta. |
|---|---|
| PRESENTE DE **IR + A** + INFINITIVO | **Voy a escribir** la carta. |
| FUTURO DE INDICATIVO | **Escribiré** la carta. |

## ESTAR A PUNTO DE, ACABAR DE

Para matizar el momento exacto en que algo sucede o ha sucedido se usan las perífrasis **ESTAR a punto de** + *INFINITIVO* (para expresar un futuro muy inmediato) y **ACABAR de** + *INFINITIVO* (para expresar un pasado muy cercano).

El concierto está **a punto de** empezar.
(= El concierto va a empezar inmediatamente.)

El concierto **acaba de** empezar.
(= El concierto ha empezado hace muy poco tiempo.)

Va a tocar.

Todavía no ha tocado.

## REFERENCIAS ESPACIALES

| | | |
|---|---|---|
| *ORIGEN Y DESTINO* | **de... a...** | **De** Madrid **a** Vic vamos en moto. |
| | **desde... hasta...** | **Desde** Madrid **hasta** Vic vamos en moto. |
| *DIRECCIÓN* | **hacia...** | Va **hacia** Santiago. |
| *LÍMITE* | **hasta...** | Voy **hasta** La Coruña en coche. |
| *DISTANCIA* | **estar a... de...** | Madrid **está a** 450 km **de** Granada. |
| | **estar cerca/lejos de...** | ¿**Está lejos** Aranjuez? |
| | | Mi pueblo **está muy cerca de** aquí. |
| *RUTA* | **pasar por...** | ¿**Pasas por** Sevilla para ir a Granada? |
| *VELOCIDAD* | **a... kilómetros por hora** | Va **a** 100 **kilómetros por hora.** (100km/h) |

Está a punto de tocar.

Acaba de tocar.

Ya ha tocado.

## PEDIR INFORMACIÓN Y RESERVAR

| | |
|---|---|
| Quisiera saber | qué vuelos hay Madrid-Granada. |
| | a qué hora sale el tren de Burgos. |
| | cómo puedo ir a Astorga. |
| | cuánto cuesta la habitación doble. |
| | |
| | si tienen habitaciones libres a partir del 3. |
| | si hay autobuses para Madrid. |
| | |
| | el teléfono de Juan García Severo. |
| | su número de fax. |
| Quisiera reservar | una habitación para la noche del 12. |
| | una mesa para tres personas. |
| | tres billetes Madrid-Amsterdam para el jueves 2. |

# gente de ciudad

## Aquí encontrarás:

**1** Escucha a este locutor que nos describe la ciudad de Salamanca.
Después, completa el texto.

## SALAMANCA (ESPAÑA)

Con sus 186.323 _____,
SALAMANCA es una ciudad española
de_____. Está _____
_____ a unos 200 Km al Oeste de Madrid y
_____ al Este de la frontera portuguesa.

El Puente Romano, las dos _____ la
_____, la Universidad y cantidad de
_____, conventos, _____ y
edificaciones antiguas hacen de Salamanca uno
de los conjuntos monumentales de
_____ y belleza de España.

La _____ ha aumentado en los últimos
años: existen industrias de _____, texti-
les, mecánicas y metalúrgicas. Pero la importancia
de Salamanca reside principalmente en su carácter de _____. La Universidad de
Salamanca es una de las universidades más
_____ de Europa junto con las de Bolo-
nia y París y sigue siendo, _____, una de

las más importantes de España. El gran número de
estudiantes, tanto españoles _____
_____, le da a la ciudad su carácter espe-
cial: una _____ intensa y
_____, a todas horas.

_____ es continental con
_____ y veranos calurosos.

**2** Haz una lista de las principales ventajas e inconvenientes de la población
en la que vives.

ASPECTOS POSITIVOS

Es un/a pueblo/ciudad muy _____

_____.

Hay _____.

Se puede _____.

La gente _____.

ASPECTOS NEGATIVOS

En _____ hay demasiado/a/os/as _____

_____ y demasiado/a/os/as _____.

Por otra parte, no hay suficiente/s _____

_____ ni _____.

La gente es un poco _____.

**3** Vas a oír diez preguntas sobre el lugar en el que vives. Escúchalas y prepara por escrito tus respuestas. Despúes vuelve a escucharlas e intenta responder oralmente, sin mirar tus notas.

1. _____ .

2. _____ .

3. _____ .

4. _____ .

5. _____ .

6. _____ .

7. _____ .

8. _____ .

9. _____ .

10. _____ .

**4** Formula 10 frases comparando estos dos hoteles. Utiliza **más... que**, **tanto/a/os/as... como**, **el más...** u otros recursos para comparar.

### HOTEL BENIDORM

- 54 habitaciones dobles
- 8.600 ptas./noche
- 3 piscinas
- discoteca
- jacuzzi y fitness
- aire acondicionado en todas las habitaciones
- a 20 km. de Alicante
- parking para 30 coches
- a 200 m. de la playa
- parque infantil

### HOTEL MIRASOL

- 106 habitaciones dobles.
- 14.200 ptas./noche
- 2 piscinas
- bar musical
- 3 restaurantes y terraza en la playa
- aire acondicionado en todas las habitaciones
- a 26 km. de Alicante
- parking para 50 coches
- a 500 m. de la playa
- hidroterapia

**5** Piensa en cómo era la vida en el siglo XVIII y cómo es ahora. Formula comparaciones como la del modelo. Utiliza **más/menos, no tanto/a/os/as.**

Ahora la gente vive más años.

Ahora _____ .

Ahora _____ .

Ahora _____ .

Ahora _____ .

Ahora _____ .

Ahora _____ .

Ahora _____ .

Ahora _____ .

Ahora _____ .

**6** Estos son los países más poblados del mundo. Escríbelos en orden, de más poblado a menos poblado, según lo que tú creas.

| México | Brasil | China | Indonesia | Rusia | Estados Unidos |
|--------|--------|-------|-----------|-------|----------------|
| India | Alemania | Pakistán | Nigeria | Bangladesh | Japón |

1._____    5._____    9._____

2._____    6._____    10._____

3._____    7._____    11._____

4._____    8._____    12._____

Ahora escucha los datos reales y comprueba si tus hipótesis eran correctas.

Escribe ahora estas cantidades en cifras.

| HABITANTES | EN CIFRAS |
|------------|-----------|
| un billón ciento noventa millones | 1.190.000.000 |
| novecientos trece millones | _____ |
| doscientos sesenta millones | _____ |
| ciento noventa millones | _____ |
| ciento cincuenta y nueve millones | _____ |
| ciento cuarenta y ocho millones | _____ |
| ciento veintiséis millones | _____ |
| ciento veinticuatro millones | _____ |
| ciento diecisiete millones | _____ |
| ciento siete millones | _____ |
| noventa y dos millones | _____ |
| ochenta y un millones | _____ |

**7** ¿Cuáles de estas cosas te gustaría hacer? Señálalas con una cruz y luego explica para qué.

A mí me gustaría tener mucho dinero para viajar por todo el mundo.

| | | |
|---|---|---|
| ir a Marte | | |
| cambiar de sexo unos días | | |
| viajar al pasado | | |
| ser invisible | | |
| conocer a un extraterrestre | | |
| adivinar el futuro | | |
| ser rey por un día | | |
| pesar 10 kilos menos | | |
| cambiar de trabajo | | |
| cenar con Brad Pitt | | |
| tener mucho dinero | | |
| vivir en una isla desierta | | |
| salir en la tele | | |

**8** Coloca en este plano las palabras de la lista.

parque     río     fábrica     línea de autobús     centro (de la ciudad)

centro comercial     puente     estadio     ayuntamiento     catedral

**9** Piensa en tu ciudad o en otra que conozcas bien. ¿Hay en ella estas cosas? Escribe frases como las de los ejemplos.

> Hay muchos parques.
> No hay mucha vida nocturna.
> No hay museos.

vida nocturna
turistas
personas de origen español
latinoamericanos
industria pesquera
instalaciones deportivas
delincuencia
fábricas
problemas sociales
zonas verdes
colegios
guarderías
tráfico
atascos
hospitales
monumentos
vida cultural
instalaciones deportivas
contaminación
playas
centros comerciales
edificios antiguos
consumo de drogas
museos
iglesias
mezquitas
cines
rascacielos
parados
viviendas desocupadas

**10** Vas a oír a alguien que habla de su ciudad. Pero no puedes oír cómo termina las frases. Imagina un final para cada frase.

1. _____
2. _____
3. _____
4. _____
5. _____
6. _____
7. _____
8. _____
9. _____
10. _____
11. _____
12. _____

**11** Un amigo español o latinoamericano te ha mandado esta carta. Imagina que tienes que responderle por escrito.

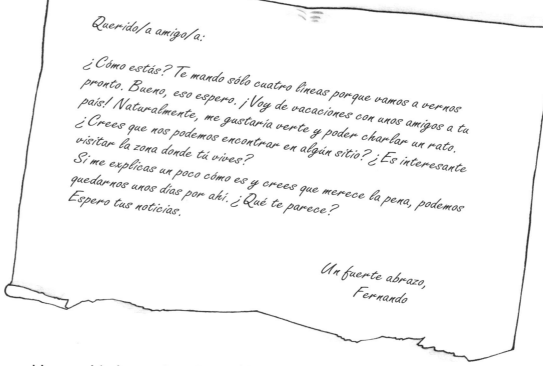

Querido/a amigo/a:

¿Cómo estás? Te mando sólo cuatro líneas porque vamos a vernos pronto. Bueno, eso espero. ¡Voy de vacaciones con unos amigos a tu país! Naturalmente, me gustaría verte y poder charlar un rato. ¿Crees que nos podemos encontrar en algún sitio? ¿Es interesante visitar la zona donde tú vives? Si me explicas un poco cómo es y crees que merece la pena, podemos quedarnos unos días por ahí. ¿Qué te parece? Espero tus noticias.

Un fuerte abrazo,
Fernando

**12** En estos últimos años Villarreal ha cambiado mucho. ¿En qué? Entre los dos dibujos hay doce diferencias. Búscalas.

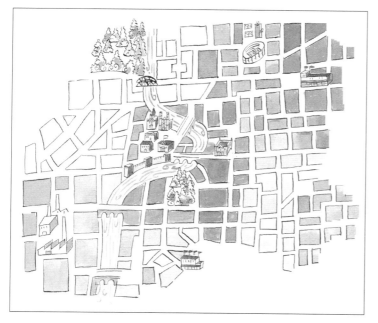

**13** Escribe definiciones de algunos lugares. Usa **en el que** o **donde.** Es una forma muy útil para referirse a algo cuando no conocemos la palabra exacta.

puerto ⟶ `un lugar en el que hay barcos`

| | | | | |
|---|---|---|---|---|
| playa | centro de la ciudad | zona industrial | zona universitaria | museo |
| discoteca | parque | hotel | iglesia | cine |
| capital | guardería | hospital | ayuntamiento | |
| piscina | zona peatonal | gimnasio | centro comercial | |

**14** Éste es el texto adaptado de una Web en Internet, con información y publicidad de Bogotá. Imagina que vas a viajar a Colombia pero que vas a estar muy poco tiempo en la capital. Señala las cinco cosas que más te interesan.

Netscape: Guide: Entertainment

Back | Forward | Home | Edit | Reload | Images | Print | Find | Stop

Location: http://netscape.yahoo.com/guide/entertainment.html?v

What's New? | What's Cool? | Destinations | Net Search | People | Software

Economía | Historia | Geografía | Cultura

Fundada en 1538 por Gonzalo Jiménez de Quesada, es desde 1819 la capital de la República de Colombia. Está ubicada en una amplia meseta a 2.640 m sobre el nivel del mar, al pie de sus cerros titulares de Monserrate y Guadalupe. Su temperatura media es de unos 18 grados centígrados a lo largo de todo el año. Su población actual se estima en unos 6,5 millones de habitantes. Bogotá es la sede del gobierno central, del congreso y del poder judicial. Además se constituye en el centro económico y cultural del país.

Bogotá, es hoy una ciudad en permanente proceso de modernización, que conjuga aspectos de la ciudad colonial que fue -en el barrio de La Candelaria- con la modernidad de una gran urbe -en la zona norte de la ciudad. Como toda ciudad de un país en desarrollo, Bogotá está llena de contrastes en cuanto hace a las condiciones de vida de sus habitantes, los estilos arquitectónicos, medios de transporte, etc.

El visitante no debe dejar de ver el Museo del Oro, donde podrá apreciar la extraordinaria orfebrería de las diferentes culturas precolombinas. Debe conocer también las extraordinarias iglesias coloniales, tales como San Ignacio o San Francisco, en el tradicional barrio de La Candelaria. También podrá apreciar las nuevas tendencias en el campo de las artes plásticas en el Museo de Arte Moderno o en alguna de las muchas galerías que existen en la ciudad. Si le interesan los anticuarios, podrá visitar la calle 79 alrededor de la cual se ubican un buen número de ellos o recorrer el mercado de las pulgas que se organiza en Usaquén (antiguo pueblo hoy parte integral de la ciudad) todos los domingos.

No obstante su intensa vida cultural, el atractivo de Bogotá se centra en ser una ciudad para hacer negocios. Colombia y particularmente Bogotá, gozan de un extraordinario comercio, desarrollado últimamente en varios centros comerciales, que deben ser visita obligada de los viajeros. Entre ellos, vale destacar el Centro Andino, Granahorrar, Unicentro y la Hacienda Santa Bárbara.

Bogotá, tiene además fama como ciudad de buenos restaurantes. En efecto, el turista podrá encontrar muchos restaurantes de comida típica, internacional, en particular francesa o italiana, e inclusive rusa o japonesa. Podrá ir también a alguna de las obras de teatro que se ofrecen en la ciudad, asistir a un concierto o gozar de un buen aperitivo mientras escucha jazz en vivo en alguno de los múltiples bares de la Zona Rosa. Si desea hacer un plan mas animado, podrá ir a bailar en una de las discotecas de La Calera, desde donde podrá apreciar las luces de la ciudad.

6K read (at 1.0K/sec)

**15** ¿Qué es para ti lo más...? A lo mejor necesitas el diccionario.

Lo más importante en la amistad: _____

Lo más difícil en una pareja: _____

Lo más urgente en tu ciudad: _____

Lo más grave en el mundo: _____

Lo mejor de la vida: _____

Lo peor de tu trabajo: _____

Lo que funciona peor en tu país: _____

Lo más interesante de tu región: _____

Lo mejor para estar en forma: _____

Lo más extraño de tu país: _____

**16** ¿Te gustaría ir a San Sebastián? Busca en este folleto diez razones para pasar unos días de vacaciones en esta ciudad.

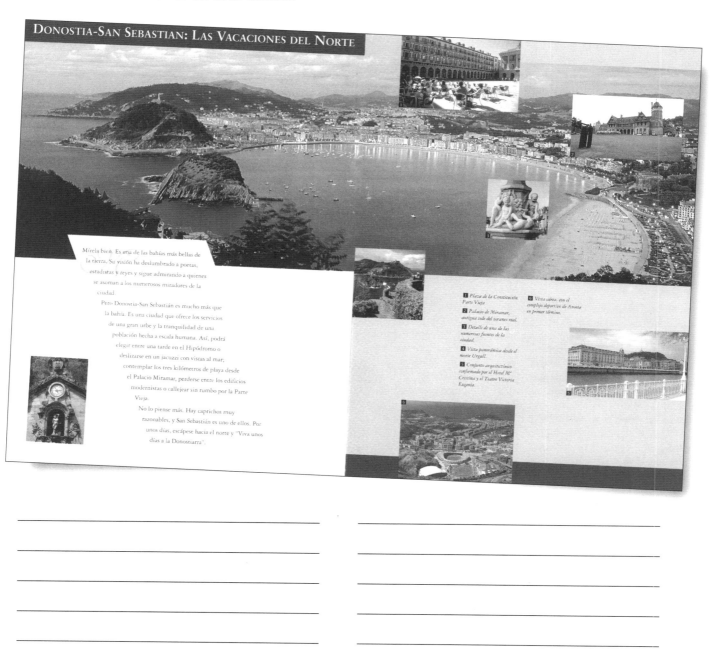

DONOSTIA-SAN SEBASTIAN: LAS VACACIONES DEL NORTE

Mírela bien. Es una de las bahías más bellas de la tierra. Su visión ha deslumbrado a poetas, estadistas y reyes y sigue admirando a quienes se asoman a los numerosos miradores de la ciudad.

Pero Donostia-San Sebastián es mucho más que la bahía. Es una ciudad que ofrece los servicios de una gran urbe y la tranquilidad de una población hecha a escala humana. Así, podrá elegir entre una tarde en el Hipódromo o deslizarse en un jacuzzi con vistas al mar; contemplar los tres kilómetros de playa desde el Palacio Miramar, perderse entre los edificios modernistas o callejear sin rumbo por la Parte Vieja.

No lo piense más. Hay caprichos muy razonables, y San Sebastián es uno de ellos. Por unos días, escápese hacia el norte y "Viva unos días a la Donostiarra".

1 Plaza de la Constitución. Parte Vieja
2 Palacio de Miramar, antigua sede del veraneo real.
3 Detalle de una de las numerosas fuentes de la ciudad.
4 Vista panorámica desde el monte Urgull.
5 Conjunto arquitectónico conformado por el Hotel Mª Cristina y el Teatro Victoria Eugenia.
6 Vista aérea, con el complejo deportivo de Anoeta en primer término.

_____  _____

_____  _____

_____  _____

_____  _____

_____  _____

**17** Escribe ahora un folleto de tu región. Puedes trabajar con uno o varios compañeros.

- Busca información sobre los lugares más interesantes.
- Escribe una breve descripción general (ubicación, clima, características geográficas y económicas generales).
- Si te apetece, busca fotos o imágenes para completar tu trabajo y enseñarlo a otros compañeros.
- Inventa un eslogan.

**18** Ya sabes muchas cosas sobre España. Haz comparaciones con tu país respecto a estos temas.

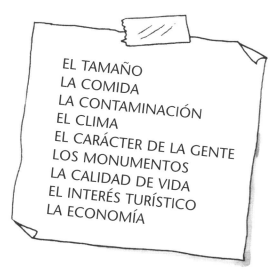

EL TAMAÑO
LA COMIDA
LA CONTAMINACIÓN
EL CLIMA
EL CARÁCTER DE LA GENTE
LOS MONUMENTOS
LA CALIDAD DE VIDA
EL INTERÉS TURÍSTICO
LA ECONOMÍA

España es más grande que Italia pero tiene menos habitantes.

**19** ¿Recuerdas el texto de la lección 36? ¿Crees que sirve para describir todas las ciudades? Puedes inspirarte en él para describir alguna ciudad que tú conozcas bien.

**20** Fíjate bien en cómo pronuncia el locutor las vocales en estas frases. ¿Cómo lo hace?

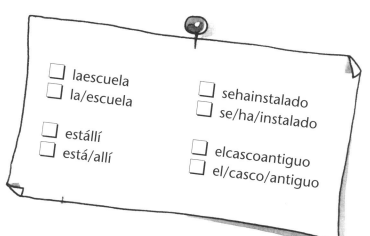

☐ laescuela
☐ la/escuela

☐ estállí
☐ está/allí

☐ sehainstalado
☐ se/ha/instalado

☐ elcascoantiguo
☐ el/casco/antiguo

¿Lo has notado?
En español se encadenan las vocales, aunque sean de palabras diferentes.

# Así puedes aprender mejor

**1** Lee este texto. ¿Estás de acuerdo con Gracia Montes?

### LA OPINIÓN DE LOS FAMOSOS

## ¿VIVIR EN EL CAMPO O VIVIR EN LA CIUDAD?

Aunque para algunas personas vivir en el campo puede resultar atractivo, por ser más sano, creo que la vida en la ciudad ofrece muchas más ventajas: espectáculos y vida cultural, comercios y servicios de todo tipo. Las desventajas del campo son evidentes: los insectos, la falta de intimidad que suele haber en los pueblos, etc. Una solución intermedia, sin embargo, puede ser la ideal: alternar la vida en el campo y la ciudad. Pero esto no todo el mundo puede hacerlo, por razones tanto económicas (sale mucho más caro) como profesionales (uno se ve obligado a permanecer en la ciudad, o en el campo).

GRACIA MONTES,

Actriz de cine. Vive en un pueblecito de Segovia, a 115 Km de Madrid.

**2** Ahora escucha a Gracia Montes hablar con unos amigos. Formulan opiniones sobre el mismo tema, pero ¿lo hacen de la misma manera?

La conversación es el tipo de comunicación más frecuente en las relaciones humanas. Como has visto tiene características muy distintas a las del texto escrito. Observa los mecanismos que usan los interlocutores. Puedes mirar el texto en la *Carpeta de audiciones del libro de trabajo.*

Para expresar sus opiniones cooperan:

- completando la frase del otro,
- usando las palabras que ha dicho el otro o repitiéndolas,
- asegurándose de que entienden lo que quieren decir los demás.

Para decir lo que quieren, la entonación es tan importante como la gramática y el vocabulario.

Las frases tienen unas características propias. No son errores, sino medios al servicio de la expresión:

- son más cortas,
- contienen repeticiones, vacilaciones,
- están incompletas.

En la conversación lo importante es cooperar con los interlocutores; cooperar tanto verbal como no verbalmente (a veces, con una sola palabra o un gesto). Para comunicarnos de modo eficaz y fluido, es mejor estar atento a la eficacia de la comunicación y no preocuparse sólo por los errores gramaticales.

# Autoevaluación

| En general: | ☀ | ⛅ | 🌤 | ☁ |
|---|---|---|---|---|
| Mi participación en clase | | | | |
| Mi trabajo en casa | | | | |
| Mis progresos en español | | | | |
| Mis dificultades | | | | |

| Y en particular: | | | | | |
|---|---|---|---|---|---|
| Gramática | | | | | |
| Vocabulario | | | | | |
| Fonética y pronunciación | | | | | |
| Lectura | | | | | |
| Audición | | | | | |
| Escritura | | | | | |
| Cultura | | | | | |

## Diario personal

En las lecciones de GENTE DE CIUDAD he aprendido (muchas / bastantes / algunas cosas) sobre las ciudades en que se habla español. (Son / no son) muy diferentes a las de mi país. En la clase hemos trabajado en grupos y _____ .

El problema es a veces _____ . Uno de los objetivos de estas lecciones es aprender a debatir y en mi grupo hemos discutido en español (mucho / poco / no suficientemente). (Todos / no todos) han participado mucho.

## FRASES RELATIVAS

••••○ Las frases relativas van sin preposición cuando **que** sustituye a un Sujeto o a un Objeto Directo:

Es una persona **que** tiene mucha paciencia.
(Esa persona tiene mucha paciencia.)
Es un plato **que** comemos mucho en España.
(Comemos mucho ese plato en España.)

••••○ Las frases relativas van con preposición cuando **que** sustituye a otro elemento de la frase, un elemento que lleva preposición:

Esa persona tiene mucha paciencia.

Es un lugar                          **en el que**
Es un lugar/una ciudad    **donde**          } se vive muy bien.
Es una ciudad                    **en la que**
(**En** ese lugar, **en** esa ciudad se vive muy bien.)

Es un lugar                          **al que**
Es un lugar/una ciudad    **adonde**       } viajo bastante.
Es una ciudad                    **a la que**
(**A** ese lugar, **a** esa ciudad viajo bastante.)

Es un lugar                          **por el que**
Es un lugar/una ciudad    **por donde**   } paso cada día.
Es una ciudad                    **por la que**
(**Por** ese lugar, **por** esa ciudad paso cada día.)

## COMPARAR

Madrid: 3.084.673 habitantes
Barcelona: 1.681.132 habitantes

Madrid tiene **más** habitantes **que** Barcelona.
Madrid es **más** grande **que** Barcelona.

Barcelona tiene **menos** habitantes **que** Madrid.
Barcelona es **más** pequeña **que** Madrid.

••••○ Hay algunas formas especiales:

más bueno/a ⟶ **mejor**
más malo/a ⟶ **peor**

más grande ⟶ **mayor**
más pequeño/a ⟶ **menor**          *PARA LA EDAD*

Cuando hablamos de tamaño se pueden usar las dos formas: **mayor** o **más grande** y **menor** o **más pequeño.**

••••○ Superlativos:

Madrid es **la** ciudad **más** grande de España.

## IGUALDAD/DESIGUALDAD

•••○ Con nombres, las formas son variables: **tanto/a/os/as... como.**

Villarriba
- (no) tiene **tanto** turismo **como**
- (no) tiene **tanta** contaminación **como**
- (no) tiene **tantos** bares **como**
- (no) tiene **tantas** zonas verdes **como**

Villabajo.

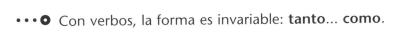

> Son dos regiones muy diferentes.

> Claro, no tienen el mismo clima.

•••○ Con verbos, la forma es invariable: **tanto... como.**

María (**no**) duerme tanto **como** Laura

•••○ Con adjetivos, la forma es invariable: **tan... como.** También se puede expresar igualdad con el adjetivo **mismo/a/os/as.**

Villarriba (**no**) es tan grande **como** Villabajo.

Los dos pisos tienen **el mismo** tamaño.
Ana y Héctor tienen **la misma** edad.
Las dos empresas tienen **los mismos** problemas.
Los dos hermanos tienen **las mismas** ideas.

## EL CLIMA

Tiene un clima
- muy duro / suave / agradable.
- mediterráneo / continental / tropical / templado.

En
- verano — (no) llueve / llueve mucho.
- invierno — (no) nieva.
- primavera — (no) hace frío / calor.
- otoño. — hay niebla / tormentas ...

> ¿Qué tiempo hace por ahí?

> Horrible. Hace muy mal tiempo. No para de llover.

> Pues aquí hace bueno.

## ME GUSTARÍA/ME GUSTA

> ¿Vienes al cine con nosotros?

> Me gustaría, pero no puedo.

•••○ Para expresar gustos usamos el verbo **gustar** en Presente:

**Me gusta** mucho este barrio.

•••○ Para expresar deseos, solemos usar la forma **gustaría**:

**Me gustaría** vivir en este barrio.
comprar un piso.

**155**

## EXPRESAR Y CONTRASTAR OPINIONES

•••O Para dar una opinión, usamos diferentes exponentes:

Para mí,
Yo pienso que           } + OPINIÓN
A mí me parece que        se necesita una guardería nueva.
Yo creo que

|  | PENSAR |
|---|---|
| (yo) | pienso |
| (tú) | piensas |
| (él, ella, usted) | piensa |
| (nosotros/as) | pensamos |
| (vosotros/as) | pensáis |
| (ellos, ellas, ustedes) | piensan |

•••O Ante las opiniones de otros, podemos mostrar acuerdo, desacuerdo y añadir argumentos:

Yo (no) estoy de acuerdo con lo que ha dicho Juan.
                              contigo.
                              con eso.
Sí, tienes razón.

Sí, claro,
Eso es verdad, pero    } + OPINIÓN
Bueno,

Fíjate en que para referirnos a lo inmediatamente dicho por otros se usa **eso.**

Eso { no es verdad.
      es una tontería.
      está bien.

Vamos a crear nuevos puestos de trabajo...

Eso, eso,... Sí señor...

Bah, eso lo dicen todos.

PLAS PLAS

•••O Para establecer prioridades:

Lo más { grave
         urgente
         importante
         necesario }

{ *INFINITIVO*
  es   solucionar el problema de la guardería.

  *NOMBRES*
  es   la  guardería nueva.

  son las guarderías nuevas. }

Es { importantísimo
     fundamental
     urgente
     necesario }   construir una guardería nueva.

# gente en casa

## Aquí encontrarás:

**❶** Completa este diagrama con las palabras adecuadas.

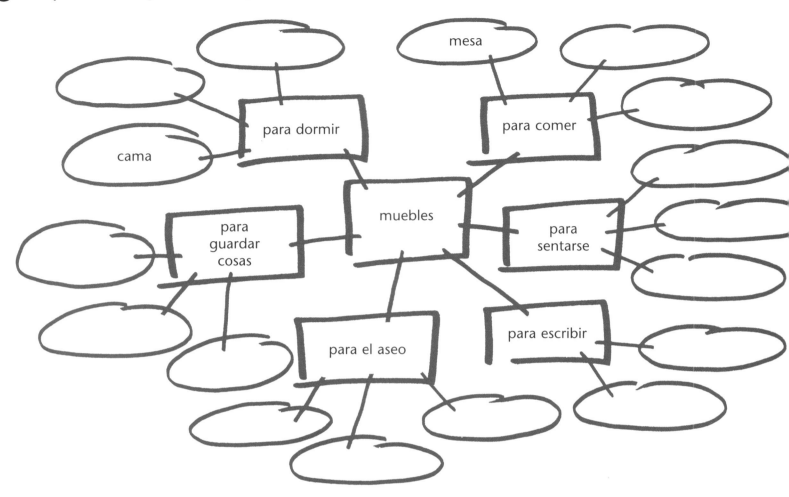

para dormir

cama

mesa

para comer

muebles

para guardar cosas

para sentarse

para el aseo

para escribir

**❷** La familia Velasco Flores, de la página 101 del *Libro del alumno*, te vende su casa, muebles incluidos. Pero a ti no te interesan todos los muebles. Escribe aquí tu selección.

¿QUÉ MUEBLES LES COMPRAS?

el armario

_____

_____

_____

_____

_____

¿CUÁLES NO QUIERES?

_____

_____

_____

_____

Si te vas a vivir a la casa de la familia Velasco, ¿qué otros muebles necesitas y tienes que comprar? Puedes usar el diccionario.

Una estantería más grande para el estudio.

**3** Imagina que tienes que presentar a ocho personas. Decide tú qué relación tienes con ellas y escribe frases como las del ejemplo.

Ésta es Beatriz, una amiga argentina. Está pasando unos días con nosotros.

| Ésta Éste Éstos Éstas | es son |
| --- | --- |

| Beatriz Charo César Gloria Emilio y José Ana y María los señores Barrios | sobrino/a/os/as primo/a/os/as vecino/a/os/as amigo/a/os/as compañero/a/os/as amigo/a/os/as de Madrid amigo/a/os/as argentino/a/os/as | Está/n pasando unos días con nosotros. Trabajamos juntos. Vive/n aquí al lado. Vive/n con nosotros. Está/n de viaje y ha/n venido a vernos. Está/n aquí de vacaciones. |

**159**

# gente en casa

**4** Tienes unos amigos de visita en tu casa. Escucha las cosas que te dicen y elige la respuesta adecuada.

☐ ¿Te gustan? El sofá lo hemos comprado hace poco.

☐ Sí, da el sol casi todo el día.

☐ No hacía falta, hombre.

☐ ¿Ya queréis iros? Si sólo son las doce menos cuarto...

1 Sí, no hay muchos coches.

☐ ¿Te gusta? Es un poco pequeña pero...

**5** Mira los dos planos de estos pisos y lee estas informaciones. Señala cuáles son verdad y corrige las falsas.

El de la calle Cervantes tiene un baño y un aseo.   No, no es verdad. Tiene sólo un baño.

El de la calle Cervantes es más grande. _____

El de la avenida América sólo tiene dos dormitorios. _____

El baño del de la avenida América es más pequeño. _____

El de la calle Cervantes tiene dos dormitorios de matrimonio. _____

El salón del de la avenida América da a la terraza. _____

El de la calle Cervantes tiene un pequeño balcón al lado de la cocina. _____

El salón del de la calle Cervantes es más grande que el del otro piso. _____

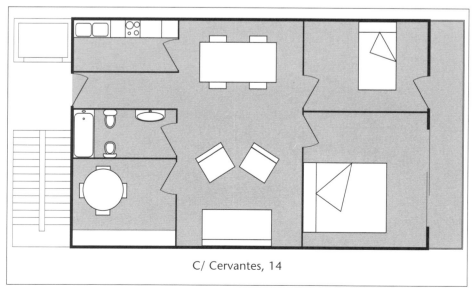

C/ Cervantes, 14

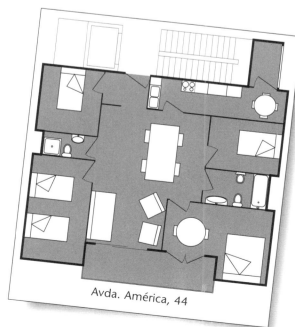

Avda. América, 44

**6** ¿Recuerdas los nombres de las partes de una casa? Escríbelos con el artículo.

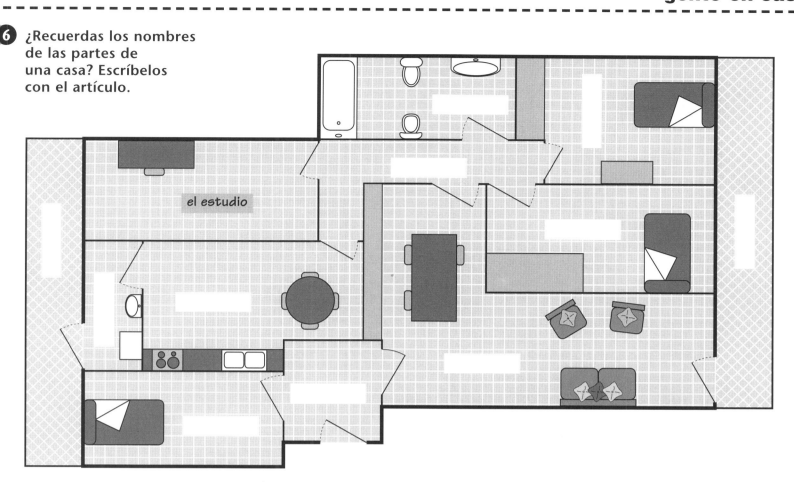

el estudio

**7** En los anuncios de los periódicos se abrevian muchas palabras. Pero comparando unos anuncios con otros, y recordando las palabras que has aprendido, puedes entenderlo todo. Escribe los textos completos de cuatro de los siguientes anuncios.

1. Está en un barrio tranquilo y tiene tres habitaciones dobles...

**1.** Barrio tranq. 3 h. dobles. Bñ. comp. y dos aseos. Amplio salón con chimenea. Gran terraza. Alto. Muy luminoso.

**2.** 160 m², 4 hab. salón com., coc. nueva, bñ. y aseo. Finca semi nueva. Asc. Park.

**3.** 3 hab. amplio salón com. 2 balcones. Perf. estado. Terr. Listo vivir. 95 m² 24 mill. tercer piso sin asc.

**4.** 2 hab. Muy lum. Zona tranquila y sol. Finca antigua restaurada. Zona centr. 36 mill.

**5.** 3 h. Aseo y baño. Arm. empotrados. Soleado. Ascensor. Zona tranq. Jard. 18 mill.

**6.** 3 hab. dobles, traza. ext. muy sol. Vistas. Calef. Asc. Parking. Finc. moderna. Piscina.

**7.** 1 hab. aseo balc. Muy bien. únic. Junto Ayunt.

**8** Ahora imagina que eres un agente inmobiliario. Tienes que vender los pisos del ejercicio anterior. ¿Tienes alguno para estas personas?

Vivo solo y busco un piso muy soleado en una zona con árboles. ¿Tienen alguno no muy caro?

Piso número ☐

Nosotros somos seis: nosotros dos, tres niños y la abuela. Y, claro, necesitamos un piso grande con varios cuartos de baño.

Piso número ☐

Somos una pareja con un niño pequeño. Estamos buscando un piso no muy grande pero con mucha luz. Y no queremos gastar mucho.

Piso número ☐

Necesitamos un buen piso; como mínimo, con dos habitaciones dobles. Tiene que tener calefacción y, sobre todo, ascensor. Yo tengo un problema en una pierna y no puedo subir escaleras.

Piso número ☐

**9** Escucha a estas personas que te van a dar sus direcciones. Toma nota porque luego tienes que escribirlas en estas etiquetas.

ARTURO COROMINA VALDÉS
Avenida de los Plátanos, 187 entresuelo 1ª
44566 Aguaviva - Teruel

**10** Estas direcciones no están completas. Haz preguntas para completarlas.

SANDRA GARCÍA ........
Calle Fernando VII, nº.....
.............. MADRID

¿Cómo te llamas de segundo apellido?
¿En qué número vives? / ¿En qué piso vives?
¿Cuál es el código postal?

Susana Roche Gracia
Calle Pino, ....................
.................... SEVILLA

Benito Villa Salcedo
........................, 23, 2° A
........................ BILBAO

C. MARCOS FUENTES
Plaza ................, 31........
.....................................

Isabel MONTE ...............................
Avda de la Constitución, 31, ...........
.......................... VALENCIA

**11** Imagina que quieres vender tu casa. Descríbela en un anuncio para la prensa (pero sin abreviar las palabras). Si quieres, puedes añadir un pequeño plano con los nombres de cada habitación. El profesor recogerá los textos.

Piso de dos dormitorios. 60 metros cuadrados. Salón comedor y cocina reformada. Finca antigua. Pequeño balcón. Barrio tranquilo. Vistas.

**12** Imagina ahora que quieres cambiar de casa. Cuenta a tus compañeros qué tipo de casa quieres. Ellos te dirán si tu descripción coincide con alguno de los anuncios que han hecho en el ejercicio anterior.

Busco una casa en una zona tranquila, con mucha luz y...

**13** Piensa en cinco personas que conoces (amigos, familiares, compañeros, etc.). ¿Qué crees que están haciendo en este momento, mientras tú haces este ejercicio?

| NOMBRE | RELACIÓN CONTIGO | QUÉ ESTÁ HACIENDO |
|--------|------------------|-------------------|
| David | mi marido | Creo que está en casa cocinando. |
| | | |
| | | |
| | | |
| | | |

**14** María va a casa de sus vecinos Laura y Carlos porque necesita hablar por teléfono y el suyo no funciona bien. Escribe la conversación entre María y Laura, Carlos no está en casa. Pueden suceder algunas de las siguientes cosas.

MARIA

☐ Saluda.

☐ Cuenta su problema.

☐ Pregunta por la familia de Laura.

☐ Da las gracias y se despide.

LAURA

☐ Saluda e invita a pasar a María.

☐ Le dice dónde está el teléfono.

☐ Le ofrece algo para beber.

☐ Se despide.

**15** ¿Qué dice Fernando en cada uno de estos casos? Elige la respuesta adecuada entre las que te damos.

### CONTEXTO A

Fernando llama a casa de su amigo Toni. Conoce a sus padres. Toni ha llamado antes a su casa y no lo ha encontrado.

1. • Diga.
   ○ ¿Está Toni?
   • ¿De parte de quién?
   ○ _____

2. • Diga.
   ○ ¿Está Toni?
   • Ahora no se puede poner. Está duchándose.
   ○ _____

3. • Diga.
   ○ ¿Está Toni?
   • No está. ¿Quieres dejarle algún recado?
   ○ _____

### CONTEXTO B

Fernando llama a Gracia Fernández. Es una profesora chilena de español y no la conoce. Un amigo le ha dado su teléfono, y la llama para pedirle clases de conversación.

4. • Diga.
   ○ ¿Gracia Fernández?
   • ¿De parte de quién?
   ○ _____

5. • Diga.
   ○ ¿Gracia Fernández?
   • No, no está. ¿Eres Trinidad?
   ○ _____

6. • Diga.
   ○ ¿Gracia Fernández?
   • No, no está. ¿Quiere dejarle algún recado?
   ○ _____

○ Ella no me conoce. Me llamo Fernando Gil. Quiero hablar con ella por unas clases.

○ ¡Vaya! Soy yo, Fernando. Dentro de un rato lo llamo otra vez.

○ No. Yo me llamo Fernando Gil. ¿Cuándo puedo encontrarla en casa?

○ Sí, por favor. Ella no me conoce. Estoy interesado en recibir clases, y me han dado su número de teléfono. ¿Le dejo mi número y ella me llama?

○ Soy yo, Fernando. Él ha llamado antes a mi casa, pero no me ha encontrado.

○ No, no. Sólo que estoy en casa, si quiere llamarme otra vez.

**16** Una serie de personas llaman por teléfono y no encuentran a quienes buscan. ¿Qué es lo que pasa en cada llamada?

**1**

☐ **A.**
Ana llama a Isabel, que ha salido un momento. Ana va a llamar otra vez en unos minutos.

☐ **B.**
Ana llama a Isabel, que ha salido un momento. Isabel tiene que llamar a Ana en diez minutos.

☐ **C.**
Ni A ni B.

**2**

☐ **A.**
Una persona de la inmobiliaria Serrano llama al Sr. González para decir que no puede asistir a una reunión.

☐ **B.**
El Sr. González llama al Sr. Serrano para hablar sobre el tema de la próxima reunión.

☐ **C.**
Ni A ni B.

**3**

☐ **A.**
Una persona llama a casa de Juan Carlos, que en este momento no está.

☐ **B.**
Una persona quiere hablar con Juan Carlos, pero marca otro número de teléfono.

☐ **C.**
Ni A ni B.

**4**

☐ **A.**
Una persona quiere hablar urgentemente con Néstor, que está en la ducha.

☐ **B.**
Néstor tiene que volver a llamar porque tiene que saber algo muy importante.

☐ **C.**
Ni A ni B.

**5**

☐ **A.**
Teo está en la ducha cuando suena su teléfono y no puede contestar.

☐ **B.**
Una persona está esperando a Teo, que no llega. Por eso lo llama por teléfono.

☐ **C.**
Ni A ni B.

**17** Mensajes en el contestador automático. Tú eres en cada caso la persona que recibe el mensaje. ¿Qué haces después de oírlo?

1. Eres Catalina Crespo: Tengo que llamar a la productora.

2. Eres Paca: _____

3. Eres María: _____

4. Eres Lourdes: _____

5. Eres María: _____

**18** Vas a oír unas frases con las formas **tú** y/o **usted**. Señala las que oyes.

| | TÚ USTED | TÚ USTED | TÚ USTED | TÚ USTED | TÚ USTED |
|---|---|---|---|---|---|
| | 1. ☐ ☐ | 2. ☐ ☐ | 3. ☐ ☐ | 4. ☐ ☐ | 5. ☐ ☐ |

**19** Contesta, como en el ejemplo, repitiendo las instrucciones que oirás.

> ¿Tengo que coger la línea cinco y bajar en la plaza de España?

**20** Escribe las formas que faltan.

| TÚ | USTED |
|---|---|
| Pasa, pasa. | **Pase, pase.** |
| _____ | Siéntese, por favor. |
| Oye, por favor... | _____ |
| Come un poco más de tarta. | _____ |
| _____ | Siga por esta calle todo recto. |
| _____ | Coja el teléfono, por favor. |
| Dame tu dirección. | _____ |
| Calla, calla; escucha lo que dicen. | _____ |
| _____ | Váyase ahora mismo. |

**21** Ahora, escribe las formas del plural (**vosotros**/**ustedes**) del ejercico anterior. Despúes lo revisas con un compañero.

**22** Un amigo tuyo se va a quedar en tu casa mientras tú te vas de vacaciones. ¿Qué tiene que hacer en tu casa? Aquí tienes algunas ideas: complétalas y/o añade otras cosas. Luego escribe una nota usando Imperativo y **tienes que** + Infinitivo.

> Por favor:
> riega las plantas del salón.
> También tienes que...

Regar las plantas del jardín / de dentro / de la terraza...

Cerrar el gas / el agua / las ventanas... al salir.

Dar de comer a los peces / al gato...

Desconectar la nevera / la luz...

Sacar el correo del buzón.

Sacar a pasear al perro.

Escuchar los mensajes del contestador.

Abrir el correo electrónico.

Comprar...

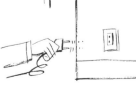

**23** Has invitado a tres compañeros de clase a cenar. Dales instrucciones para ir a tu casa desde la escuela. Uno quiere ir a pie, el segundo quiere ir en coche particular y el otro quiere ir en transporte público.

A pie no se puede. Es demasiado lejos...

**24** Escucha estos diálogos y copia la tercera palabra de cada intervención.

1. ● tan
   ○ ven

2. ● ____
   ○ ____

3. ● ____
   ○ ____

4. ● ____
   ○ ____

5. ● ____
   ○ ____

6. ● ____
   ○ ____

7. ● ____
   ○ ____

8. ● ____
   ○ ____

9. ● ____
   ○ ____

10. ● ____
    ○ ____

**25** Fíjate en cómo suenan, en estas palabras, las letras **b** y **v**. ¿Suenan igual o diferente?

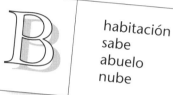

V
lava
la vecina
avenida
novio

B
habitación
sabe
abuelo
nube

Algunas consonantes cambian según su posición. Escucha ahora esta serie de palabras. ¿Suenan igual en **1** y en **2**? ¿Puedes formular una regla?

1
barrio
vino
barco
viaje

2
lava
cabo
sabe
Álava

La **b** y la **v** se pronuncian más _____

cuando están _____.

Y un poco más _____ cuando

están _____.

Lo mismo sucede con la **g** y la **d**. Escúchalo.

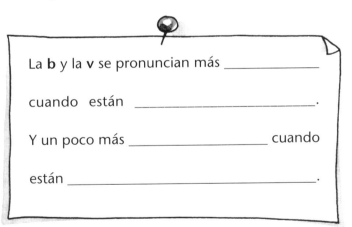

gato        pagar
guerra      agosto
García      hago

diez        cada
dar         hablado
diferente   poder

# Así puedes aprender mejor

**1** En tu lengua existe probablemente la distinción entre **tú** y **usted** o un sistema equivalente. Haz una lista con diez personas a las que tratas de un modo y otras diez a las que tratas del otro.

Mira la lista de las personas a las que tú tratas de **usted**. ¿Puedes pensar en personas que las tratan de **tú**?

Haz lo mismo con la otra lista: personas a quienes tú tratas de **tú**. ¿Quiénes las tratan de **usted**?

Además, según la situación, puede cambiar el tratamiento. Por ejemplo, un juez y su hija se tutean, pero si ésta asiste a un juicio como testigo, los dos se tratarán de usted.
¿Puedes pensar en situaciones parecidas?

**2** Estás de viaje en España, de visita en casa de unos amigos. Es la primera vez que vas, pero ellos han estado en tu casa antes. ¿A quién tuteas? ¿A quién tratas de usted? ¿Por qué? ¿Observas algo antes de tomar la decisión?

TÚ  USTED

- [ ] [ ] A la azafata del avión.
- [ ] [ ] A una joven de 16 años que viaja con sus padres en el asiento de al lado.
- [ ] [ ] A los padres de esta joven.
- [ ] [ ] A tus amigos.
- [ ] [ ] A los padres de tus amigos.
- [ ] [ ] A la abuela de tus amigos.
- [ ] [ ] A los vecinos de tus amigos.
- [ ] [ ] Vas con tus amigos a un restaurante: a los camareros.
- [ ] [ ] Vas a un bar de gente joven que hay junto a su casa: al camarero.
- [ ] [ ] A un policía joven, de tráfico, que te pide la documentación.

Para hablar bien no basta con las reglas gramaticales. Existen también unas reglas sociales relativas al uso de la lengua. Éstas nos permiten adaptarnos a la situación y hablar de diferentes maneras dependiendo del momento y lugar donde estamos, de los interlocutores, de su función, etc.

# Autoevaluación

**En general:**

| | ☀ | 🌤 | ⛅ | ☁ |
|---|---|---|---|---|
| Mi participación en clase | | | | |
| Mi trabajo en casa | | | | |
| Mis progresos en español | | | | |
| Mis dificultades | | | | |

**Y en particular:**

| | | | | | |
|---|---|---|---|---|---|
| Gramática | | | | | |
| Vocabulario | | | | | |
| Fonética y pronunciación | | | | | |
| Lectura | | | | | |
| Audición | | | | | |
| Escritura | | | | | |
| Cultura | | | | | |

## Diario personal

*Después de haber trabajado con las lecciones de GENTE EN CASA, mi imagen de España y de los españoles (es la misma que antes / ha cambiado) _____. Esto es así porque _____. En GENTE EN CASA he visto cómo viven los españoles, cómo son sus casas, qué hacen cuando tienen invitados. Ahora creo que (sé / puedo / soy capaz de...) _____.*

*La verdad es que, en este aspecto, entre España y mi país (hay / no hay) diferencias: allí, _____ y aquí _____.*

**37-38-39-40 CONSULTORIO LINGÜÍSTICO**

## DE, CON, SIN

un piso **de** 100 metros cuadrados          un pueblo **de** 160 habitantes

una casa **con** jardín    un piso **con** terraza          una habitación **con** ventanas

un piso **sin** vista    un barrio **sin** zonas verdes          una calle **sin** ruido

Un piso sin vista.

## ¿DÓNDE?

● ¿**Dónde** viven sus padres?
○ **En** Sevilla.

● ¿**A dónde** vais este verano?
○ **A** la Costa del Sol.

● ¿**De dónde** vienes tan tarde?
○ **De** una reunión de la comunidad de vecinos.

● ¿**Por dónde** habéis venido?
○ **Por** la autopista.

## ¡QUÉ... TAN...! / ¡QUÉ... MÁS...!

Es un libro muy interesante.  ⟶  ¡**Qué** libro **tan** interesante!
Son unos niños muy majos.  ⟶  ¡**Qué** niños **tan** majos!

•••◐ Otra estructura parecida para expresar la misma idea:

¡**Qué** libro **más** interesante!          ¡**Qué** chicos **más** majos!

¡Qué hombre!

## (NO) ME VA BIEN

•••◐ Usamos **IR bien** para ponernos de acuerdo en una fecha, una hora o un lugar:

● ¿**Te va bien** a las cinco?
○ No, a las cinco **no puedo**. Tiene que ser a las seis.
A las cinco **no me va muy bien**. Mejor un poco más tarde, a las seis.

•••◐ La expresión **IR bien** funciona como el verbo **gustar**:

| Me |
| Te |
| Le |
| Nos | **va bien** el 12 / el miércoles / a las seis /... |
| Os |
| Les |

## ESTAR + GERUNDIO

El gerundio es una forma que aparece normalmente con otros verbos. Su uso más frecuente es con el verbo **estar**.

| (yo) | **estoy** | |
|---|---|---|
| (tú) | **estás** | |
| (él, ella, usted) | **está** | **trabajando** |
| (nosotros/as) | **estamos** | |
| (vosotros/as) | **estáis** | |
| (ellos, ellas, ustedes) | **están** | |

- ● ¿Está Juan?
- ○ Todavía **está durmiendo.**

•••● Gerundios irregulares más frecuentes:

LEER ➤ **leyendo**  SEGUIR ➤ **siguiendo**  PEDIR ➤ **pidiendo**
OÍR ➤ **oyendo**  DORMIR ➤ **durmiendo**

•••● A diferencia de en otros idiomas, en español el Gerundio no se usa como sujeto. Para esta función se prefiere el Infinitivo:

**Conocer** nuevos países
es muy interesante.

~~Conociendo nuevos países
es muy interesante.~~

## IMPERATIVO

*FORMAS REGULARES*

| | TOMAR | BEBER | SUBIR |
|---|---|---|---|
| (tú) | tom**a** | beb**e** | sub**e** |
| (vosotros/as) | tom**ad** | beb**ed** | sub**id** |
| (usted) | tom**e** | beb**a** | sub**a** |
| (ustedes) | tom**en** | beb**an** | sub**an** |

*FORMAS IRREGULARES*

| | PONER | SER | IR | DECIR | SALIR | VENIR | TENER | HACER |
|---|---|---|---|---|---|---|---|---|
| (tú) | **pon** | **sé** | **ve** | **di** | **sal** | **ven** | **ten** | **haz** |

•••● Los pronombres OD, OI y reflexivos (**me, te, lo, la, nos, os, los, las, le, les** y **se**) se ponen detrás del verbo en Imperativo, formando una sola palabra.

**Miradlo**, allí está.    Pasa, pasa y **siéntate.**    **Dame** ese periódico.

•••● Al unir un pronombre al Imperativo se producen algunas modificaciones.

Aparece una tilde cuando la palabra se convierte en esdrújula.

Mira ➤ **Mírate** en el espejo.

Se pierde la **d** final delante del pronombre **os**:

Mirad ➤ **Miraos** en el espejo.

Mírate
en el espejo.

• • • ○ Si hay dos pronombres, el orden es OI + OD. Cuando los dos pronombres son de tercera persona, **le** y **les** se convierten en **se**.

- ● ¿Puedo llevarme estas fotos?
- ○ Sí, pero luego devuélve**melas**.

- ● ¿Quieres estos documentos?
- ○ No, dá**selos** a Juan.

Ponte
un poco más
de pastel.

• • • ○ Usamos el Imperativo con diversas intenciones.

### Para ofrecer cosas:

**Toma** un poco más de café.
**Ponte** un poco más de pastel.

### Para dar instrucciones:

- ● ¿Para llamar por teléfono desde España al extranjero?
- ○ **Marca** primero el 07; luego, **espera** a oír una señal, y entonces **marca** el prefijo del país.

### Para dar órdenes y pedir que los demás hagan algo:

**Llama** al Director, por favor.
Por favor, **dígale** que he llamado.
Carlos, guapo, **ayúdame** a llevar esto.

### Para dar permiso:

- ● ¿Puedo llamar por teléfono desde aquí?
- ○ Sí, claro. **Llama, llama.**

Observa:
Para dar permiso, repetimos muchas señales afirmativas.
- ● ¿Puedo mirar estas fotos?
- ○ **Sí, claro, míralas.**

Para llamar la atención del interlocutor en algunas fórmulas muy frecuentes en las conversaciones.

### Al hacer presentaciones:

**Mira**, te presento a Julia.
**Mire**, le presento al Sr. Barrios.

Mira,
te presento
a Julia.

### Al introducir una pregunta:

**Oye**, ¿sabes dónde está el Museo Nacional?
**Oiga**, ¿sabe dónde está el Museo Nacional?

### Al entregar un objeto:

**Toma**, esto es para ti.
**Tome**, esto es para usted.

## AL TELÉFONO

•••◐ Responder:

> ¿Sí?
> Diga.

En algunas partes de Latinoamérica:
- ¿Aló?
- ○ ¿**Se encuentra** el Sr. Gutiérrez?
- **No**, de momento **no se encuentra.**

•••◐ Preguntar por alguien:

> ¿Está Maruja?
> ¿Maruja?

•••◐ Identificar e identificarse:

> Sí, soy yo.

- **¿De parte de quién?**
- ○ **De** Julián Rueda.
  **Soy** Irene Felipe.
  su marido.
  su hija.

> ¿Está el Sr. Valcárcel?

> Sí, pero en este momento no lo puede recibir. Está reunido.

•••◐ Recados:

- **¿Le digo algo?**
  **¿Quiere/s dejarle algún recado?**

- ○ Dile que he llamado.
  Dígale que he llamado.
  **No, gracias. Yo lo/la llamo** luego / más tarde / en otro momento...

- Vale, yo se lo digo.

## INVITACIONES

¿Por qué no { vienes a tomar café mañana?
venís a comer este fin de semana?  vienen a cenar el domingo?
vienen a cenar el domingo?

Mira, **te llamaba para** invitaros a casa este fin de semana.

En muchas ocasiones damos una explicación para nuestra invitación. Esta explicación va introducida por **así.**

> ¿**Por qué no** venís a vernos el sábado?  **Así** conocéis a mis hermanos.
> **Así** os enseñamos la casa nueva.

**173**

## OFRECER Y ACEPTAR COSAS

*CON EL IMPERATIVO*   **Toma** un poco más de tarta.

*CON UNA PREGUNTA*   **¿No quieres** un poco más de tarta?
**¿Queréis tomar algo:** una cerveza, un zumo...?

*SIN VERBO*   ¿Un poco más de tarta?

Sí, **voy a tomar un poco más.** Está muy rica.
No, gracias. Está muy rica, **pero no quiero más.**

● ● ● ○ Insistir en el ofrecimiento es, en español, una cortesía obligada.
Algunos invitados esperan a esta segunda invitación para aceptar.

● Venga, sí, toma un poquito más.
¿De verdad? ¿No quieres un poquito más?
○ Bueno, ya que insistes.
Bueno, si insistes...

## SALUDOS Y DESPEDIDAS

● Hola, ¿qué tal?
○ Muy bien, ¿y tú?
¿y usted?
● Muy bien, gracias.

| *HASTA EL ALMUERZO* | *DESPUÉS DEL ALMUERZO* | *A PARTIR DEL ANOCHECER O DE LA CENA* |
|---|---|---|
| Buenos días | Buenas tardes | Buenas noches |

¡Adiós!

Hasta { luego
mañana
el domingo
pronto

## PRESENTACIONES

● Mira/e, ésta es Gloria, una amiga.
te/le presento a Gloria.
Mirad/miren, os/les presento a la Señora Gaviria.
○ Mucho gusto / Encantado/a / Hola, ¿qué tal?

## CUMPLIDOS

¿Qué tal { tus padres?
tu hija?
su marido?

Dale/les } recuerdos de mi parte.
Déle/les }

# gente e historias

## Aquí encontrarás:

**1** Escucha las respuestas de dos concursantes del programa "¿Cuándo fue?". ¿Cuál de los dos tiene más respuestas correctas? Éstas son las fichas de las preguntas.

### AVANCES DE LA CIENCIA Y LA TÉCNICA

1969: N. Amstrong pone el pie en la Luna.
1961: Gagarin, primer "hombre del espacio".
1919: Leonardo Torres Quevedo inventa el transbordador de las Cataratas del Niágara.
1923: J. de la Cierva inventa el autogiro, precursor del helicóptero.
1864: Narcís Monturiol crea el Ictíneo, uno de los primeros submarinos del mundo.

### VIDAS DE FAMOSOS

1956: Boda de Rainiero y Grace Kelly.
1968: Boda de Jacqueline Kennedy con A. Onassis.
1997: Muerte de Lady Di.
1997: Boda en Barcelona de la Infanta Cristina y el jugador de balonmano Iñaki Urdangarín.

### MAGNICIDIOS

1986: Olof Palme
1995: Isaac Rabin
1978: Aldo Moro
1967: Che Guevara

### PREMIOS NOBEL Y CIENTÍFICOS

1983: Walesa, premio Nobel de la Paz.
1982: García Márquez, premio Nobel de Literatura.
1918: Muere Albert Einstein.
1906: Santiago Ramón y Cajal, Premio Nobel de Medicina.
1959: Severo Ochoa, Premio Nobel de Medicina.

### ACONTECIMIENTOS SOCIALES Y POLÍTICOS

1969: Dimisión de De Gaulle.
1978: Acuerdos de Camp David entre Egipto e Israel.
1945: Conferencia en Yalta. Stalin, Roosevelt y Churchill. Acuerdo sobre la creación de la ONU.
1945: Firma de la carta de la ONU, en San Francisco.
1957: Tratados de Roma: nacimiento de la CEE y del Euratom (Europa de los Seis).
1962: Independencia de Argelia.

| | Primer concursante | correcto | incorrecto | Segundo concursante | correcto | incorrecto |
|---|---|---|---|---|---|---|
| 1ª pregunta | | | | | | |
| 2ª pregunta | | | | | | |
| 3ª pregunta | | | | | | |
| TOTAL | | | | | | |

**2** **¿Dónde y cuándo fue la primera vez que...?**

| | ¿DÓNDE? | ¿CUÁNDO? |
|---|---|---|
| - Comer paella | Comí paella por primera vez en Tenerife. | Fue en 1995. |
| - Ir en bicicleta | No me acuerdo. | Fue hace muchos años. |
| - Subir a un avión | _____ | |
| - Estar en un país de lengua española | _____ | |
| - Visitar un museo | _____ | |
| - Viajar en barco | _____ | |
| - Estar en una isla | _____ | |
| - Conocer a un español o hispanoamericano | _____ | |
| - Ver un gran espectáculo (un concierto de rock, un partido de fútbol, una ópera...) | _____ | |
| - Pasar unas vacaciones sin la familia | _____ | |
| - Entrar en una clínica o un hospital | _____ | |
| - Ir a una boda | _____ | |
| - Votar en unas elecciones | _____ | |

**3** **Añade a las frases del ejercicio anterior circunstancias y comentarios como los que que tienes abajo.**

| POR PRIMERA VEZ | CIRCUNSTANCIAS | COMENTARIOS Y VALORACIONES |
|---|---|---|
| Primer concierto: Rolling Stones (1973) | Yo tenía 14 años. | Me gustó mucho. |
| | | |
| | | |
| | | |
| | | |
| | | |
| | | |
| | | |
| | | |
| | | |
| | | |
| | | |
| | | |
| | | |

CIRCUNSTANCIAS
- Yo tenía ... años.
- Yo era un niño de ... años / Yo ya era mayor...
- Yo estaba con unos amigos / mis padres / solo/a...
- Había mucha gente / No había mucha gente / Había unas ... personas...
- Hacía frío / calor / mal tiempo...
- Allí estaba...
- Yo estaba un poco nervioso / muy asustado / bastante contento...

COMENTARIOS Y VALORACIONES
Me gustó mucho.
Me encantó.
No me gustó nada.
Me pareció un poco aburrido / una tontería...
Me pareció muy interesante / divertido...

# gente e historias

**4** Vas a escuchar a diez personas. Señala cuál de las siguientes frases es la continuación lógica de lo que dicen.

☐ a) Vio "La Maja desnuda" de Goya. Le gustó mucho.
☐ b) Pero hacía frío y no me bañé.
☐ c) Vi "Las Meninas" de Velázquez. Me gustó mucho.
☐ d) Había muy poca gente pero me encontré con unos amigos.
☐ e) Y en 1971 se casó con ella.

☐ f) Ganamos 3 a 0.
☐ g) ¿Estabas enfermo?
☐ h) Ganó 3 a 0.
☐ i) Pero hacía frío y no se bañó.
☐ j) Y en 1970 me casé con ella.

**5** Ahora escucha las frases de la audición otra vez. Luego, completa este cuadro con las formas indicadas del Pretérito Indefinido.

|  | VER | HACER | HABER | ESTAR | IR | CONOCER | JUGAR |
|---|---|---|---|---|---|---|---|
| yo |  |  |  |  |  |  |  |
| tú |  |  |  |  |  |  |  |
| él |  |  |  |  |  |  |  |

**6** Vas a escuchar diez frases incompletas. Señala cómo continúan.

1. ☐ a) pero no sé escribirlo.
   ☐ b) al principio de la conferencia, y luego se expresó en inglés.

2. ☐ a) con una beca que me ha dado el Ministerio de Educación y Ciencia.
   ☐ b) y luego regresó a su país.

3. ☐ a) pero no le gustaba mucho y buscó un puesto en un periódico.
   ☐ b) pero no me gusta mucho y me gustaría trabajar en la televisión.

4. ☐ a) la playa no me gusta.
   ☐ b) allí conoció a su novio.

5. ☐ a) lo siento; había mucho tráfico.
   ☐ b) por eso no escuchó las palabras del Presidente.

6. ☐ a) sus amigos tomaron el ascensor.
   ☐ b) no me gusta usar el ascensor.

7. ☐ a) hacía mucho frío, pero no se movió de allí.
   ☐ b) si tienes un problema, me llamas y voy a ayudarte.

8. ☐ a) sus amigos le esperaban en un restaurante y él iba a llegar tarde.
   ☐ b) el de mi casa no funciona bien.

9. ☐ a) vio las noticias de la tele y se fue a dormir a las 11.
   ☐ b) veo las noticias de la tele y me voy a dormir temprano.

10. ☐ a) así me entero de lo que pasa en el mundo antes de leer el periódico.
    ☐ b) pero no escuchó ninguna noticia sobre el accidente de tren.

**7** Estás escribiendo tu propio diario (como los que hay en la lección 41 del *Libro del alumno*). Escribe tres breves párrafos.

LO QUE HAS HECHO HOY

LO QUE HICISTE AYER

LO QUE HICISTE EL SÁBADO PASADO

**8** Imagina que hoy es jueves 14 por la noche. Esto es lo que ha hecho Valentina en los últimos días. Pero Valentina tiene muy mala memoria. Mira cómo se lo explica a una amiga suya. Corrige los errores, como en el ejemplo.

No, esta mañana no ha jugado a squash con Herminia, jugó ayer.

*LUNES 11*
*8h – 9h clase de ruso*
*12h reunión con el Sr. Palacio*
*19h dentista*

*MARTES 12*
*Viaje de trabajo a Madrid*
*De compras en Madrid: traje chaqueta azul en las rebajas*
*22h Fiesta de cumpleaños de Gabriel*

*MIÉRCOLES 13*
*Comida con el jefe y unos clientes belgas*
*Partido de squash con Herminia*
*Cena con Alfredo en una pizzería*

*JUEVES 14*
*de 9h a 11h clase de ruso*
*Comida con Isabel, una vieja amiga*
*Peluquería*
*Supermercado*

Esta mañana he jugado un partido de squash con Herminia.

¿Alfredo? Cené con él anteayer. Está muy bien.

Anoche fui a casa de Gabriel. Era su cumpleños e hizo una fiestecita con algunos amigos.

Sí, todavía estudio ruso. Tengo un profesor particular tres horas por semana. Esta semana he tenido tres horas de clase. Hoy una hora y el lunes dos horas.

He ido de compras esta mañana. Me he comprado un traje chaqueta azul, precioso, en las rebajas.

Ha sido una semana muy complicada. El lunes fui a Madrid. Tenía una reunión muy importante. Y hoy he comido con unos clientes holandeses...

Ah, y además esta semana he tenido problemas con una muela. ¡Me dolía...! El martes tuve que ir de urgencias al dentista.

**179**

**9** ¿Cómo se conocieron? Marca debajo de cada imagen el número de la historia.

**10** Ahora escucha las tres historias otra vez y escribe estas frases debajo de la imagen correspondiente.

De pequeños, eran vecinos y jugaban juntos.
Él sabía que ella hacía teatro.
Él tenía un perro.
Él era el sobrino del profesor de ella.
Él y ella estaban bailando.
Ella un día estaba regando las plantas.
Él estaba en un grupo de teatro y necesitaban una chica.
Después de la fiesta fueron paseando hasta el hotel.
Estudiaban juntos en el mismo instituto.

**1** Escribe, en español, tres fechas importantes en tu vida. ¿Qué te pasó?
¿Dónde? ¿Con quién estabas?
Si no te apetece decir la verdad, inventa historias.

| FECHA | ¿QUÉ PASÓ? | ¿CON QUIÉN ESTABAS? | ¿DÓNDE? | ¿QUÉ TIEMPO HACÍA? |
|---|---|---|---|---|
| el 3 de julio de 1988 | Tuve un accidente de coche. | Iba con Richard Gere. | Íbamos a esquiar a los Alpes. | Llovía. |
| | | | | |
| | | | | |
| | | | | |

En clase, entrega un papel con tus fechas
a tres compañeros. Ellos te harán preguntas.

● ¿Qué te pasó el 3 de julio de 1988?
○ Tuve un accidente de coche...

**2** Imagina que en tu trabajo o en tu escuela te piden que respondas a este cuestionario.

¿En qué año nació usted?      En mil novecientos sesenta y seis.

¿Cuándo empezó la escuela primaria? _____

¿Cuál fue su primer trabajo? _____

¿Cuándo empezó a estudiar español? _____

¿En cuántas empresas ha trabajado? ¿Cuánto tiempo? _____

¿Ha vivido en el extranjero? ¿Dónde? ¿Cuánto tiempo? _____

¿Desde cuándo vive usted aquí? _____

**3** ¿Cuándo hiciste por última vez estas cosas? Responde con los siguientes
marcadores temporales.

| ayer | anteayer | anoche | el lunes / martes... pasado | la semana pasada | en 19... |
|---|---|---|---|---|---|
| | el mes pasado | el año pasado | cuando era niño | no lo he hecho nunca | |

Anoche comí
un plato excelente.
Fui a cenar con
mi novio.

LA ÚLTIMA VEZ QUE...

comer un plato excelente
conocer a una persona rara
llorar viendo una película
gastar demasiado
olvidar algo importante
ver un paisaje especialmente bonito
escribir una carta

tener que decir una mentira
leer una buena novela
perderte en una ciudad
perder una llave
oír una buena noticia
tener una conversación interesante
tener una sorpresa agradable

**⓮** **¿Cómo era la vida en siglos pasados? Lee estos textos y decide a qué imagen corresponde cada uno.**

Vivían en ciudades-estado. Cada ciudad estaba gobernada por un jefe, que tenía poderes civiles y religiosos. La sociedad estaba organizada en diversas clases: nobles, sacerdotes, pueblo. También había esclavos.

Tenían una religión en la que había diversos dioses. Adoraban a estos dioses y les ofrecían sacrificios. Uno de los más importantes era Itzanmá, dios de la escritura y de los libros. La escritura era de carácter jeroglífico, como la de los egipcios.

Tenían un calendario solar con 18 meses de 20 días, más cinco días para completar el año. Utilizaban también un sistema aritmético que poseía un signo equivalente a nuestro cero. Gracias a estos dos sistemas, calendario y sistema aritmético, sus conocimientos astronómicos eran superiores, en muchos casos, a los de la cultura europea de la misma época. Así, por ejemplo, para ellos el año constaba de 365,2420 días, cálculo mucho más próximo a la medida actual (365,2422 días) que el de los europeos de aquella época (365,2500 días).

Es una de las civilizaciones más antiguas, que nació y se desarrolló a lo largo de un río. Estaban gobernados por emperadores, a los que consideraban descendientes de los dioses y llamaban faraones. Para estos faraones construían grandes monumentos funerarios, en forma de pirámide. Su religión tenía un dios principal, Amon-Ra, que era el dios del sol. Otro dios muy importante era Osiris, dios de los muertos. Creían en una vida después de la muerte, por eso preparaban a los muertos para esa vida.

La clase sacerdotal era muy numerosa y tenía gran influencia social, económica, política e intelectual: sus miembros eran los responsables del mantenimiento y funcionamiento de los templos, pero también realizaban otras actividades: eran médicos que curaban a los enfermos, y también magos que interpretaban los sueños.

Este pueblo es una civilización aún viva, que ha pasado rápidamente de la época prehistórica a la moderna. Sus antecesores vivían en zonas muy frías, por eso no disponían de muchos recursos naturales; por ejemplo, no tenían madera.

No conocían la escritura, pero su cultura era una de las más ricas culturas prehistóricas: construían casas de hielo, fabricaban canoas y tiendas de piel de reno para el verano, podían andar fácilmente por la nieve gracias a sus botas impermeables y se protegían del sol con unas gafas de hueso...

Aunque no tenían caballos ni carros, viajaban en unos trineos tirados por perros, un medio de transporte muy particular para desplazarse por la nieve.

Se alimentaban fundamentalmente de los animales que cazaban y pescaban. Creían en unos dioses que controlaban la caza y la pesca, al igual que la salud y la vida de las personas. También creían que todos los elementos de la naturaleza tenían un alma como las personas.

Se llamaban a sí mismos "inuit", es decir, "los hombres", aunque la civilización occidental los conoce por otro nombre. Vivían en comunidades pequeñas, agrupados por familias, sin jefes ni jerárquia.

**Ahora, subraya todos los verbos que están en Pretérito Imperfecto y escribe sus formas de Infinitivo.**

vivían ➝ vivir

**15** Piensa en varias cosas que han cambiado en tu vida.

Cuando era más joven fumaba, pero ahora no fumo.

**16** Todo cambia rápidamente. Piensa en estos temas y formula qué cambios crees que han sucedido en los últimos 10 años.

TU CIUDAD O PUEBLO

LA NATURALEZA

LAS COMUNICACIONES

LAS RELACIONES INTERNACIONALES

LA VIDA COTIDIANA

LOS TRANSPORTES

LA TELEVISIÓN

LA POLÍTICA

**17** Aquí tienes un test sobre datos históricos y biográficos curiosos. A ver qué tal tu memoria y tu intuición.

1. En Bolivia hubo, desde el año de su independencia, en 1825, hasta 1984...

☐ a. 102 terremotos.
☐ b. 191 golpes de estado.
☐ c. 25 guerras.

2. Charles Chaplin no participó en la Primera Guerra Mundial porque era...

☐ a. pacifista.
☐ b. demasiado viejo.
☐ c. demasiado bajito.

3. El papel lo inventaron...

☐ a  los chinos.
☐ b. los antiguos griegos.
☐ c. los egipcios.

4. En el siglo XIV, en Europa, murieron por la peste negra...

☐ a. unos 10 millones de personas.
☐ b. 35 millones de personas aproximadamente.
☐ c. 2 millones de personas.

5. La patatas llegaron a Europa...

☐ a. en el siglo III, de África.
☐ b. en el siglo XVIII, de Estados Unidos.
☐ c. en el siglo XVI, de América del Sur.

6. El primer hombre que dijo que la Tierra no era plana fue...

☐ a. Anaximandro de Mileto.
☐ b. Galileo.
☐ c. Plácido Pérez.

7. La pirámide de Quetzacóatl, el mayor monumento del mundo, ...

☐ a. la construyeron los mayas en México.
☐ b. la hicieron los egipcios a orillas del Nilo.
☐ c. la edificaron los chinos en Shangai.

8. La primera línea telefónica se instaló...

☐ a. en Boston en 1878.
☐ b. en Londres en 1915.
☐ c. en París en 1792.

9. En 1962, el holandés Peter Minuit compró la isla de Manhattan a los indios y pagó...

☐ a. 24 dólares.
☐ b. 240 dólares.
☐ c. 24.000 dólares.

10. El 24 de octubre de 1929, el llamado "Jueves Negro", ...

☐ a. se hundió la bolsa de Nueva York.
☐ b. hubo un terrible terremoto en Roma.
☐ c. empezó la Primera Guerra Mundial.

11. La erupción del Vesubio destruyó Pompeya...

☐ a. en el año 234 antes de Cristo.
☐ b. en el siglo IV de nuestra era.
☐ c. en el año 79 de nuestra era.

12. Lope de Vega (1562-1635), a quien Cervantes llamaba "Monstruo de la Naturaleza", escribió...

☐ a. más de 1.500 obras de teatro.
☐ b. 960 novelas.
☐ c. unos 8.000 poemas.

Compara ahora con dos compañeros tus respuestas. Podéis encontrar las respuestas correctas en la *Guía de soluciones del libro de trabajo.*

**18** ¿Te dicen algo estos años? Relaciónalos con los siguientes hechos.

> En 1492 Colón descubrió América.
> En 1492 fue cuando Colón descubrió América.

| | |
|---|---|
| 1492 | Colón LLEGAR a América |
| 1789 | DECLARARSE la independencia de EE.UU. |
| 1898 | EMPEZAR la Revolución Francesa |
| 1918 | España DECLARAR la guerra a EE.UU. |
| 1776 | ESTALLAR la Guerra del Golfo |
| 1939 | TERMINAR la Guerra Civil Española |
| 1968 | TERMINAR la I Guerra Mundial |
| 1990 | HABER un gran movimiento de estudiantes y obreros en Europa |

**19** Imagínate que puedes hacerle una entrevista a uno de estos famosos.
¿A quién de ellos harías estas preguntas?

¿Fueron difíciles sus primeros años
en los Estados Unidos?

a _____

¿Cuándo habló por primera
vez con Isabel la Católica?

a _____

¿Cuál fue su primer concierto
fuera de su país?

a _____

¿Qué sintió al ver tanta gente en
la Marcha por los Derechos Civiles?

a _____

Escribe otras preguntas para estos
personajes. ¿Quién es el personaje
famoso, de la historia o de la
actualidad, a quien más te gustaría
entrevistar? Escribe las preguntas
que le harías.

**185**

**20** Inventa los datos que faltan de la biografía de esta imaginaria estrella del pop.

Paz nació en 1958 en un pueblecillo de La Mancha. En aquella época en España _____.

Pepe Candel, su padre, trabajaba en el campo. La vida en el pueblo _____. Por eso, Pepe y su mujer decidieron irse a Bélgica. Entonces _____. Paz tenía en aquel momento dos años y _____.

Cuando tenía sólo 7 años participó en un concurso de la radio y _____; a los 21_____. Así que dejó los estudios y empezó a _____.

Decidió volver a España y se puso a _____. La productora discográfica "Chinchinpum" se fijó en ella y grabó su primer disco, que fue _____. Muy pronto ocupó el número 1 en todas las listas de ventas. Entonces fue cuando _____.

Desde esa época, _____.

Actualmente _____
_____.

**21** Si dividimos la clase en dos equipos, podemos hacer un concurso.

REGLAS DEL CONCURSO

- Cada equipo prepara, por escrito, diez preguntas sobre hechos del pasado, para hacérselas luego al otro equipo.
- Cada pregunta bien construida vale un punto. Sólo valen las preguntas de las que se conocen las respuestas. El profesor las va a corregir antes de empezar el concurso.
- Cada respuesta acertada vale 2 puntos.
- Cada equipo tiene 2 minutos para pensar y discutir la respuesta.
- Gana el equipo que obtiene más puntos.

# Así puedes aprender mejor

Escucha estos párrafos. Fíjate en la entonación.
¿Dónde crees que está la información o informaciones principales?
¿Dónde los detalles? Márcalo como en el ejemplo.

Estaba muy cansado, me dolía la cabeza, tenía mucho trabajo...

decidí quedarme en casa.

Todo el mundo corría, nadie sabía qué hacer, había mucho ruido...
De pronto vi a Jaime. Subí en su coche y salimos corriendo. Luego,
en la autopista, otra vez: controles de policía, atascos de coches,
todo el mundo hacía sonar la bocina... Llegamos a casa cansados
y nos fuimos a dormir sin cenar.

No tenía noticias de él desde hacía varios días, no me escribía,
no me llamaba, yo llamaba a su casa pero nadie respondía, otras
veces tenía puesto el contestador automático pero luego no me
devolvía la llamada: cogí el tren y fui a verlo. Lo encontré bastante
deprimido. Estuvimos juntos aquel fin de semana y me explicó sus
problemas: ya sabes, lo de su padre, lo de su novia... Hice lo que
pude por ayudarle.

Cuando escuches, fíjate en lo que dicen, pero también en cómo lo dicen: el ritmo y la entonación de las frases te indican qué es lo realmente importante y qué son sólo detalles.

17-18-19-20 AGENDA

# Autoevaluación

**En general:**

| | ☀ | ⛅ | ☁ | ☁ |
|---|---|---|---|---|
| Mi participación en clase | | | | |
| Mi trabajo en casa | | | | |
| Mis progresos en español | | | | |
| Mis dificultades | | | | |

**Y en particular:**

| | 😀 | 🙂 | 😐 | 🙁 | 😟 |
|---|---|---|---|---|---|
| Gramática | | | | | |
| Vocabulario | | | | | |
| Fonética y pronunciación | | | | | |
| Lectura | | | | | |
| Audición | | | | | |
| Escritura | | | | | |
| Cultura | | | | | |

# Diario personal

Ya hemos terminado GENTE 1, y he aprendido _____. Del ámbito de la vida y costumbres del mundo hispano me han interesado especialmente estos aspectos: _____. En mi propia lengua puedo encontrar más información sobre estos temas: en una biblioteca o en las revistas y en los periódicos. También puedo obtener información en español hablando con personas o leyendo textos; en mi ciudad tengo estas posibilidades: _____. También he aprendido a aprender mejor. (He aplicado alguno de los trucos, por ejemplo:... / No he aplicado ninguno, porque / y / pero...) _____. Ahora mis objetivos son _____

## PRETÉRITO INDEFINIDO

**•••○** *VERBOS REGULARES*

|  | - AR<br>TERMINAR | -ER<br>CONOCER | -IR<br>VIVIR |
|---|---|---|---|
| (yo) | terminé | conocí | viví |
| (tú) | terminaste | conociste | viviste |
| (él, ella, usted) | terminó | conoció | vivió |
| (nosotros/as) | terminamos | conocimos | vivimos |
| (vosotros/as) | terminasteis | conocisteis | vivisteis |
| (ellos, ellas, ustedes) | terminaron | conocieron | vivieron |

**•••○** *VERBOS IRREGULARES MÁS FRECUENTES*

|  | SER | IR |
|---|---|---|
| (yo) | fui | fui |
| (tú) | fuiste | fuiste |
| (él, ella, usted) | fue | fue |
| (nosotros/as) | fuimos | fuimos |
| (vosotros/as) | fuisteis | fuisteis |
| (ellos, ellas, ustedes) | fueron | fueron |

¿Y cuándo la conociste?

Cuando fui a Berlín.

Muchos indefinidos irregulares tienen un cambio de sílaba tónica: en la primera persona singular (**yo**) y en la tercera singular (**él, ella, usted**) el acento no recae en la terminación sino en la raíz.

~~tuvé, tuvó~~          **tu**ve, **tu**vo
~~vine, vinó~~          **vi**ne, **vi**no
...                    ...

Normalmente, las terminaciones del Indefinido de los verbos irregulares son:

| (yo) | **-e** | (nosotros/as) | **-imos** |
|---|---|---|---|
| (tú) | **-iste** | (vosotros/as) | **-isteis** |
| (él, ella, usted) | **-e** | (ellos, ellas, ustedes) | **-ieron** |

|  | TENER | ESTAR |
|---|---|---|
| (yo) | **tuve** | **estuve** |
| (tú) | **tuviste** | **estuviste** |
| (él, ella, usted) | **tuvo** | **estuvo** |
| (nosotros/as) | **tuvimos** | **estuvimos** |
| (vosotros/as) | **tuvisteis** | **estuvisteis** |
| (ellos, ellas, ustedes) | **tuvieron** | **estuvieron** |

|  | HACER | DECIR | SABER |
|---|---|---|---|
| (yo) | **hice** | **dije** | **supe** |
| (tú) | **hiciste** | **dijiste** | **supiste** |
| (él, ella, usted) | **hizo** | **dijo** | **supo** |
| (nosotros/as) | **hicimos** | **dijimos** | **supimos** |
| (vosotros/as) | **hicisteis** | **dijisteis** | **supisteis** |
| (ellos, ellas, ustedes) | **hicieron** | **dijeron \*** | **supieron** |

*Casi todos los verbos acabados en **-ER** e **-IR** hacen la 3ª persona del plural en **-ieron**; **DECIR** y algunos otros verbos acabados en **-CIR** la hacen en **-eron**.

## PRETÉRITO IMPERFECTO

|  | -AR | -ER | -IR |  |
|---|---|---|---|---|
|  | HABLAR | TENER | VIVIR |  |
| (yo) | hablaba | tenía | vivía |  |
| (tú) | hablabas | tenías | vivías |  |
| (él, ella, usted) | hablaba | tenía | vivía | *REGULARES* |
| (nosotros/as) | hablábamos | teníamos | vivíamos |  |
| (vosotros/as) | hablabais | teníais | vivíais |  |
| (ellos, ellas, ustedes) | hablaban | tenían | vivían |  |

|  | SER | IR |  |
|---|---|---|---|
| (yo) | era | iba |  |
| (tú) | eras | ibas |  |
| (él, ella, usted) | era | iba | *IRREGULARES* |
| (nosotros/as) | éramos | íbamos |  |
| (vosotros/as) | erais | ibais |  |
| (ellos, ellas, ustedes) | eran | iban |  |

## CONTRASTE ENTRE LOS TIEMPOS DEL PASADO

- ···O Contraste Perfecto e Indefinido / Imperfecto

El Pretérito Indefinido y el Pretérito Perfecto presentan la información como acontecimiento.

> Ayer **llovió.** Y esta mañana **ha llovido** otra vez.
> Ayer por la noche **estuvimos** en un restaurante muy bueno.

El Pretérito Imperfecto presenta la información como circunstancia.

> Fuimos al cine por la noche y al salir, **llovía.**
> Esta mañana no he salido de casa. **Llovía** otra vez.
> **Estábamos** en un restaurante muy bueno y llegó Martín.

- ···O Contraste Perfecto / Indefinido

El Pretérito Indefinido va, generalmente, con estos marcadores:

| | |
|---|---|
| ayer | anteayer |
| anoche | el otro día |
| el lunes / martes... | el día 6/21/... |
| la semana pasada | el mes pasado |
| el año pasado | |

El Pretérito Perfecto va, generalmente, con estos marcadores (que incluyen el "ahora" del que habla):

| | |
|---|---|
| Hoy | Esta mañana / tarde... |
| Esta semana | Este mes |
| Este verano / otoño/... | Este año |

¿Viste ayer a Pedro?

No, lo he visto hoy.

ATENCIÓN:
El contraste Perfecto / Indefinido varía mucho según los países e incluso según las regiones. En Latinoamérica y en muchas zonas de España está mucho más extendido el uso del Indefinido que el del Perfecto.

El contraste Perfecto e Indefinido / Imperfecto es mucho más generalizado, y se hace igual en todos los países.

## USOS DEL IMPERFECTO

• • • ◗ Describir circunstancias en un relato, referidas a diversos aspectos.

Características del contexto en el que sucede el hecho que relatamos, como la hora, la fecha, el tiempo, el lugar, etc.:

**Eran** las nueve.          **Era** de noche.
**Hacía** mucho frío y llovía.     **Estábamos** cerca de Madrid.

Estado y descripción de las personas que hablan o de las que se habla:

**Estaba** muy cansado.     Me **encontraba** mal.     Yo no **llevaba** gafas.

Existencia de cosas en torno al hecho que relatamos:

**Había** mucho tráfico.     **Había** un camión parado en la carretera.

• • • ◗ Expresar contraste entre el estado actual y estados anteriores:

Ahora hablo español y catalán. Antes sólo **hablaba** francés.
Antes **tenía** muchos amigos. Ahora sólo tengo dos o tres.
Antes no **había** metro en esta ciudad, sólo **había** tranvías. Ahora hay metro y autobuses.

• • • ◗ Describir hábitos en el pasado:

Cuando era niño, **íbamos** a la escuela a pie, no había transporte escolar.
Yo antes **fumaba** mucho.

• • • ◗ Manifestar sorpresa, disculparse por estar mal informado o contar la información que se tenía, al recibir una información nueva:

Ah, no lo **sabía.**
Yo creía que **eras** argentino.
Yo pensaba que no **había** que venir personalmente.

## FECHAR ACONTECIMIENTOS

● ¿Qué día nació su hija?
○ El **(día)** 14 de agosto de 1992.

● ¿Cuándo llegaste a España?
○ **En** marzo de 1992.

● ¿Cuándo terminó los estudios?
○ **En el** 94.

● ¿En qué año se casó?
○ **En** 1985.

**41-42-43-44 CONSULTORIO LINGÜÍSTICO**

## SITUAR ACONTECIMIENTOS EN LA BIOGRAFÍA DE UNA PERSONA

**a los** cinco años...
**cuando tenía** cinco años / meses / semanas...

**cuando era** niño / joven / soltero / estudiante...
**de** niño / joven / soltero / estudiante / mayor...

cuando $\begin{cases} \textbf{terminó} \text{ los estudios...} \\ \textbf{cumplió} \text{ los 18 años...} \end{cases}$     al $\begin{cases} \textbf{terminar} \text{ los estudios...} \\ \textbf{cumplir} \text{ los 18 años...} \end{cases}$

## RELACIONAR ACONTECIMIENTOS

···**o** Para presentar consecuencias podemos usar **así que** y **por eso**.

> Su familia era humilde, **así que** tuvo que trabajar para pagarse los estudios.
> Empezó a llover, **por eso** anularon el concierto.

···**o** Para marcar un orden usamos **antes (de)**, **después (de)**, **luego**.

> Fui a la facultad, pero **antes** estuve en la biblioteca.
> Estuve en la biblioteca y $\begin{cases} \textbf{después} \text{ fui a la facultad.} \\ \textbf{luego} \text{ volví a casa.} \end{cases}$

> **Antes de** + *INFINITIVO*   **Antes de** ir a la facultad, estuve en la biblioteca.
>
> **Después de** + *INFINITIVO*   **Después de** estar en la biblioteca, fui a la facultad.

*Antes de ir a Roma fui a Milán.*

*¿Y luego?*

## ENTONCES

Es un conector de uso muy frecuente que sirve para:

···**o** referirse a un periodo ya mencionado.

> Me fui a vivir a Italia en el 71. **Entonces** (= en aquella época) yo era muy joven.

···**o** sacar conclusiones de lo dicho.

> ● Ayer Lola tenía una reunión por la noche.
> ○ **Entonces** no fue a la cena.
> ● No, no pudo.

···**o** preguntar por las consecuencias.

> ● No hay nadie y yo no tengo llaves.
> ○ ¿Y **entonces** qué hacemos?

> Atención:
> Muchas veces los hablantes usan **entonces** para ganar tiempo, para pensar lo que quieren decir:
> Entonces, entonces... yo creo que...

*Entonces, entonces... Me parece que...*

$\left(\dfrac{45\sqrt{3}}{2}\right)^2$